Wellensiek

Logbuch Resilienz

*Widmung*

*Resilienz – diese geheimnisvolle Kraft, mit vielen Gesichtern. Sie ist die innere Stärke, die mir hilft, Lebensprüfungen zu durchstehen. Die mich in Zeiten der größten Herausforderung, trotz Ohnmacht, Schmerz und Zweifel weitergehen lässt. Die mir den Mut schenkt, Leben immer wieder neu zu wagen. Die mich liebevoll an die Hand nimmt und mich aus meinen Verstecken heraustreten lässt. Die mich, neben meinen Einschränkungen, all meine Fähigkeiten und Potenziale erleben lässt.*

*Resilienz – eine Kraft, die mich anschiebt und gleichzeitig zur Ruhe kommen lässt. Die deutlich zu mir spricht: Gib es auf, vor dir wegzurennen. Trau dich, den Blick nach innen zu wenden. Hör auf zu verdrängen, zu kompensieren. Kümmere dich um deine Heilung! Diese Energie lässt nicht locker, und begleitet mich durch alle noch so anstrengenden Reifungsprozesse hindurch.*

*Resilienz – ein Bote meiner Seele. Eine Tür, die mich einlädt, einzutreten. In meinen inneren Frieden. In mein eigenes Glück. Eine Einladung, meinen Seelengarten nicht nur zu besuchen, sondern mich in ihm zu beheimaten und Wurzeln zu schlagen.*

Sylvia Kéré Wellensiek

# Logbuch Resilienz

## Arbeitsbuch mit Übungen, Tipps und Anregungen

Gelassen im Sturm

BELTZ

*Wir bitten um eine realistische Selbsteinschätzung!*

Die Methoden, Übungen und Perspektiven der HBT-Methode dienen dazu, sich präventiv mit der eigenen körperlichen und psychischen Stabilität und Widerstandskraft zu beschäftigen. Sie ersetzen keine Therapie oder ärztliche Versorgung, sie dienen nicht zur Diagnose oder Behandlung von Erkrankungen. Sollten während der Durchführung der Übungen Themen auftauchen, die Sie persönlich überfordern, bitten wir darum, unbedingt entsprechende Beratung oder Hilfe in Anspruch zu nehmen.



MIX
Papier | Fördert gute Waldnutzung
FSC® C089473

Dieses Buch ist auch erhältlich als:
ISBN 978-3-407-36698-6 Print
ISBN 978-3-407-25862-5 E-Book PDF

1. Auflage 2020


in der Verlagsgruppe Beltz • Weinheim Basel
Werderstraße 10, 69469 Weinheim


Lektorat: Ingeborg Sachsenmeier
Umschlagillustration: © gettyimages, stdemi
Umschlaggestaltung und Herstellung: Victoria Larson
Layout und Satz: Lina-Marie Oberdorfer
Textbearbeitung und Flipcharts: Kirsten Schwarz
Druck und Bindung, Gesamtherstellung: Beltz Bad Langensalza GmbH, Bad Langensalza
Printed in Germany

Weitere Informationen zu unseren Autoren und Titeln finden Sie unter: www.beltz.de

# Inhaltsverzeichnis

# Erstes Kennenlernen

Liebe Leserin, lieber Leser,

da Sie dieses Buch in den Händen halten, vermute ich, dass Sie gerade in einem krisenhaften Geschehen stecken. Oder Sie begleiten Menschen dabei, eine solche Lebensphase so positiv wie möglich zu meistern. Mein persönliches Erleben ist in beiden Feldern tiefgehend und facettenreich.

Zunächst zu mir: Ich selbst erfuhr in meiner bisherigen Lebenszeit unzählige Erschütterungen, die mich immer wieder extrem herausgefordert haben. Ich lernte über viele Jahrzehnte hinweg, inmitten des empfundenen Dilemmas und der Ohnmacht stehenzubleiben, mich selbst wahrzunehmen, meine Schmerzen, Unsicherheiten und Ängste zu ertragen, mich zu spüren und mir Liebe, Wärme und Respekt zu schenken. Diese Verbundenheit zu mir selbst und das Bekenntnis zu meiner ureigenen Geschichte öffneten mir innere Türen zur Hingabe an den Moment, so wie er sich zeigt. Aus dieser unmittelbaren Präsenz schöpfe ich meine Ruhe, meine Kraft und meine Klarheit. Heute bin ich unendlich dankbar für alles, was ich bisher erleben durfte.

Auch in der Begleitung anderer Menschen konnte ich über lange Zeiträume hinweg vielschichtige Erfahrungen sammeln. 2018 entwickelte ich eine ganze Reihe verschiedener Video-Trainingsparcours zur Resilienz. Diese Resilienzparcours entstanden direkt aus der Praxis heraus und sind eine Essenz der offenen, vertrauensvollen Zusammenarbeit mit vielen, sehr unterschiedlichen Klienten und Seminarteilnehmern. Auch an dieser Stelle bin ich unendlich dankbar, dass ich so Reichhaltiges erleben und lernen konnte. Es ein stetiger, weiterwachsender Entwicklungsprozess, der zu immer umfassenderer Erkenntnis heranreift.

Heute empfinde ich das Leben wie ein großes Füllhorn. Es beschenkt uns tagtäglich mit den verschiedensten Erlebnissen und Gegebenheiten. Wie eine Welle kann es uns nach oben in glückserfüllte Höhen tragen – und dann auch wieder hinabspülen in die tiefen Täler der großen Prüfungen und Fragestellungen.

Leben bleibt nie stehen. Ruhig und eintönig verläuft es zumeist selten. Es wandert immerzu weiter und lädt uns ein, mit offenen Sinnen zu lernen und zu wachsen. Unaufhörlich, jeden Tag aufs Neue, kreiert es oft unglaubliche Situationen, die uns aufs Äußerste herausfordern können. Veränderungen und Umschichtungen sind natürliche Prozesse, so wie die Jahreszeiten über das Land ziehen und einen ständigen Wandel in sich tragen.

Das Wesentliche im Leben erscheint mir die Haltung, die ich zu diesem Rhythmus der Wandlung einnehme. Alle Übungen und Perspektiven, die ich Ihnen im »Logbuch Resilienz« vorstelle, dienen einem Haltungswechsel, einem profunden Bewusstseinsprozess. Der Parcours unterstützt darin, Mut zu fassen und ganz genau hinzuschauen und hinzufühlen. Nicht beschönigen, nicht dramatisieren, sondern offen in der eigenen Erforschung zu bleiben – diese innere Arbeit benötigt Übung und Einlassung.

Die Früchte und Ernte dieses Einsatzes sind aber gewiss. Welches wunderbare Erleben, wenn wir uns einer schwierigen Zeit stellen und sie zu fruchtbarem Lebensboden in uns verwandeln können. Ich freue mich, wenn ich Sie auf dieser Reise ein Stück begleiten und inspirieren kann.

Flankierend zu diesem Buch habe ich genau zu diesem Thema den Video-Trainingsparcours »Gelassen im Sturm – Resilienz in Krisenzeiten« aufgenommen, den Sie über meine Internetseite beziehen können (www.hbt-akademie.de). Dort können Sie in 71 Videos die zwölf Trainingsstufen vertiefen, von denen dieses Buch handelt. Beides ergänzt sich wunderbar.

Ich wünsche Ihnen gute Erkenntnisse, Seelenstärke und innere Gewissheit, um Ihren eigenen Weg immer klarer zu spüren und auszufüllen.

In herzlicher Verbundenheit
Sylvia Kéré Wellensiek

## Resilienz schenkt Halt und Orientierung

Resilienz bedeutet Widerstandskraft, Belastungsfähigkeit und Veränderungsbereitschaft. Sie beschreibt die bemerkenswerte Fähigkeit von uns Menschen, das Leben mit all seinen Höhen und Tiefen zu meistern. Innere Stärke, Verbundenheit zu uns selbst, Klarheit und Reife sind in uns allen von Geburt an angelegt. Diese Eigenschaften warten darauf, dass wir sie im Laufe des Lebens entfalten – durch verschiedene Einflussfaktoren und Erfahrungen. Die kleinen und großen Widrigkeiten auf unserer Lebensreise schenken uns an dieser Stelle ganz besondere Wachstumsimpulse. Auch wenn uns Krisen tief erschüttern können und in Verzweiflung stürzen, sind sie einzigartige Katalysatoren, um uns wieder aufzurichten und zu dem zu werden, wer wir sind.

Resilienz lässt sich trainieren. Die Beschäftigung und Auseinandersetzung mit diesem Thema kann uns gerade bei schwierigen und unübersichtlichen Wegpassagen Kraft, Halt und Orientierung geben. Das Logbuch möchte Sie dabei begleiten, Resilienz kennenzulernen, zu erfahren, wie sie sich stärken und direkt in den beruflichen und privaten Alltag integrieren lässt – in klar strukturierten Lernstufen. Die Inhalte sind umfassend erprobt. Sie werden schon seit vielen Jahren von unterschiedlichsten Menschen in vielfältigen Kontexten genutzt.

Das Leben schüttelt uns alle immer wieder kräftig durch und stellt uns dabei vor viele, tiefgehende Fragestellungen. Bisherige Konzepte über das Leben und die eigene Identität können ins Wanken geraten oder sich gänzlich auflösen. Das Alte trägt nicht mehr, das Neue ist noch im Werden. Diese Phasen der Veränderung erleben wir im Laufe unseres Lebens immer wieder.

Der Neurologe und Psychiater Viktor Frankl ist für mich der Inbegriff von seelischer Stärke und Furchtlosigkeit. Er stellte fest: »Die letzte der menschlichen Freiheiten besteht in der Wahl der Einstellung zu den Dingen.«

In diesem Sinne möchte ich Sie dazu einladen, gemeinsam auf eine Forschungsreise der Selbstentdeckung und Weiterentwicklung zu gehen. Das »Logbuch Resilienz« wird Ihnen dabei sicherlich eine reiche Ernte schenken. Sie finden darin Methoden, Übungen und Vertiefungsperspektiven, die Sie systematisch bei der Bewältigung schwieriger Lebenssituationen begleiten und unterstützen können. Im Übungsteil verwende ich die Du-Ansprache, um mich ganz direkt und offen an Sie, an dich zu wenden. Schenke dir Zeit und Ruhe, um all deine Erfahrungen und Fragestellungen tiefer auszuloten. Das Logbuch liefert dazu viele Inspirationen.

# In zwölf Stufen zu Ruhe, Kraft und Klarheit

Dieses Logbuch führt Sie durch den Trainingsparcours »Gelassen im Sturm« und möchte Sie bei der Bewältigung Ihrer Krise begleiten und unterstützen. Die einzelnen Trainingsstufen laden dazu ein, zu verweilen, sich tiefen Fragestellungen zu widmen und sich auszuruhen. Dieser Parcours besteht aus drei Trainingsphasen:

- achtsame Selbststeuerung
- bewusste Beziehungsgestaltung
- Konsequenz in Entscheidung und Umsetzung

Jede Trainingsphase ist in jeweils vier Stufen mit einzelnen Übungen, Hintergrundwissen und vertiefenden Fragen gegliedert. Diese Übungen sind über viele Jahre erprobt und bauen aufeinander auf. Sie bieten Unterstützung dafür, wieder Mut zu fassen. So kann die eigene Situation in kleinen, realistischen Schritten erkannt, akzeptiert und verwandelt werden. Eigene Kraftquellen werden aktiviert und unterstützend im Alltag eingesetzt.

In einer schwierigen Lebenssituation ist es zunächst wichtig, Kraft, Halt und Orientierung in sich selbst zu finden. Ein inneres Fundament hilft, Schmerzen zulassen zu können und schrittweise in eine profunde Verarbeitung zu finden. Eine gute, liebevolle Verbindung zu sich selbst ist nötig, um sich nicht in Kummer und Selbstzweifeln zu verlieren. Deshalb widmet sich die erste Trainingsphase der achtsamen Selbststeuerung mit den vier Stufen:

- tiefe Kraftquellen
- Rollenklarheit
- Resilienz-Schatztruhe
- Resonanzprinzip

Zunächst begegnen Ihnen die wesentlichen Fragen der Übung »Tiefe Kraftquellen«: Was schenkt mir Energie und Vitalität? Wo finde ich sogar in stürmischen Zeiten feste Anker, die mir Halt geben und Schutzräume, in denen ich ausruhen kann, um meine Energiespeicher aufzufüllen? Die anschließende Übung beschäftigt sich mit den Rollen, die Sie in Ihrem Leben angenommen haben – den gegenwärtigen und den zukünftigen. Danach kommt die »Resilienz-Schatztruhe«. Anhand Ihrer Lebenslinie finden Sie heraus, wie Sie bisher mit Herausforderungen, Krisen oder Schicksalsschlägen umgegangen

Trainingsparcours

## Gelassen im Sturm - Resilienz in Krisenzeiten

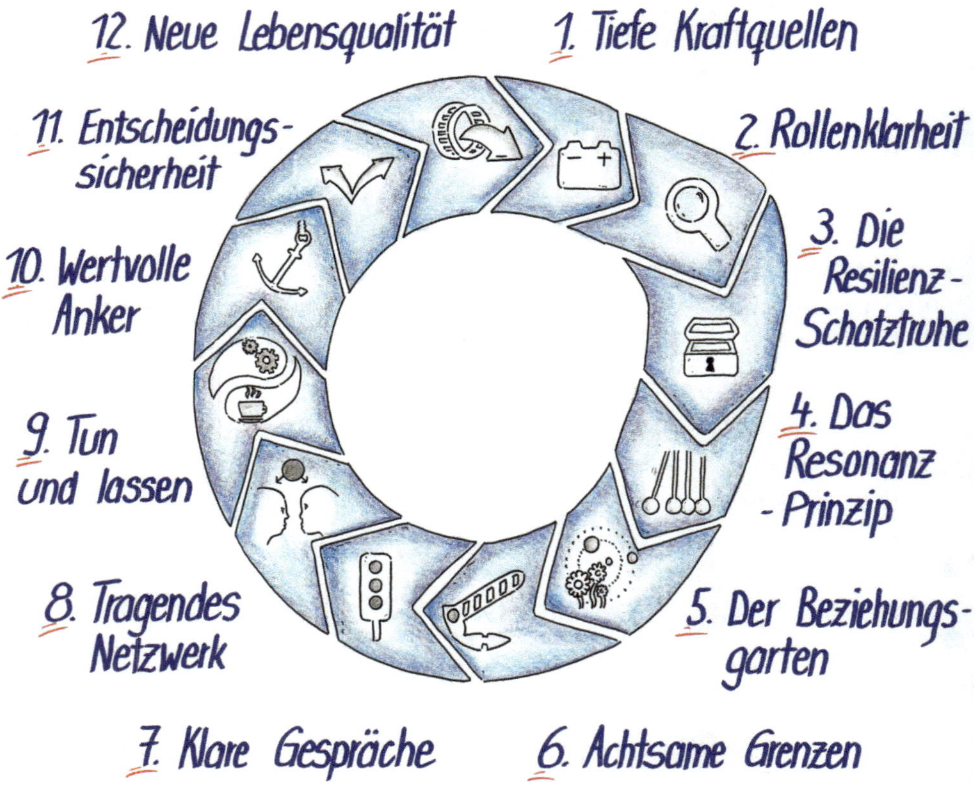

sind und was Ihre persönlichen Strategien sind, um Probleme zu bewältigen. Gleichzeitig machen Sie sich bewusst, was Sie bisher bereits gemeistert haben und wo Ihre Stärken, Fähigkeiten und Talente liegen. Die vierte Lernstufe widmet sich dem Resonanzprinzip. Hier stellt sich die Frage, was Sie an Ihrer persönlichen Haltung, an Ihren Gedanken, Gefühlen und Verhaltensweisen verändern können, um auf den Tagesablauf positiv Einfluss zu nehmen.

Während einer Krise fühlen wir uns bisweilen wie in einem Strudel, Kreisverkehr oder einem Irrgarten. Die Unterstützung von anderen Menschen kann uns eine große Hilfe sein, Klarheit und Ausrichtung zu finden. Deshalb widmet sich die zweite Trainingsphase der bewussten Beziehungsgestaltung. Vier Lernstufen begleiten Sie in dieser Thematik:

- Beziehungsgarten
- achtsame Grenzen
- klare Gespräche
- tragendes Netzwerk

Mit der Übung »Der Beziehungsgarten« wird zunächst das gesamte Netzwerk überprüft. Es stellen sich Fragen wie: Mit welchen Menschen bist du aufrichtig und kraftvoll verbunden? An welcher Schulter kannst du dich ausruhen? Wo findest du etwas Trost? Welche deiner Freundschaften stärken dir den Rücken? In welchen Beziehungen stecken aber auch Belastungsherde?

Anschließend vermittelt Ihnen die Übung »Achtsame Grenzen« Werkzeuge, um diesen Beziehungsgarten aufzuräumen. Auch die folgende Übung »Klare Gespräche« verfolgt das Ziel, sich deutlich zu positionieren, um sich von Energieräubern zu befreien und entlasten zu können. Abschließend widmen Sie sich dem Thema »Tragendes Netzwerk«. Wer innerlich auf einem brüchigen und schwankenden Boden steht, für den ist es immens hilfreich, ein liebevolles, beschützendes Beziehungsnetz zu spüren und zu erfahren.

In der dritten Trainingsphase »Konsequenz in Entscheidung und Umsetzung« geht es um die innere Ausrichtung, um anstehende Entscheidungen sowie den Umwandlungsprozess. Vier Stufen helfen, die Komplexität durch Transparenz und Sichtbarmachung zu reduzieren:

- Tun und Lassen
- wertvolle Anker
- Entscheidungssicherheit
- neue Lebensqualität

In der Übung »Tun und Lassen« richten Sie Ihren Blick zunächst auf die veränderbare und die unveränderbare Welt. Mit einer einfachen Struktur schaffen Sie sich die Möglichkeit, eigene Handlungsspielräume zu erkennen. So wird klar, welche Themen veränderbar sind und wo es sich nicht lohnt, Kraft und Energie zu investieren, weil es keinen Gestaltungsspielraum gibt. Anschließend knüpfen Sie sich ein Wertenetz, auf das Sie bauen können und welches Sie in anspruchsvollen Situationen trägt. Sie entwickeln ein sicheres Gespür dafür, welche Werte Ihnen wirklich am Herzen liegen, und verankern diese als tiefe Kraftquellen in Ihren Alltag. Dann lernen Sie, feinsinnige Bewusstseinszustände praxisnah in aktuelle Entscheidungen einfließen zu lassen. Sie werden ein Gesamtbild herausarbeiten, das die Vor- und Nachteile sämtlicher Lösungsoptionen auf verschiedenen Ebenen sichtbar macht. Je genauer Sie die Richtung erspüren, in die Sie Ihr Leben steuern möchten, umso klarer werden Sie Kurs aufnehmen. Die letzte Übung in diesem Logbuch heißt »Neue Lebensqualität«. Denn darum geht es schließlich: sich neu zu finden, sich neu aufzustellen und sich von nichts und niemanden aufhalten zu lassen.

Die einzelnen Fragestellungen können Sie direkt in diesem Buch beantworten. Es bietet sich an, zudem ein schönes Notizbuch weiter mit Ihren Logbucheintragungen zu füllen. Zur Vertiefung der Wahrnehmung kann außerdem das Übungsformat auf dem Boden ausgelegt werden. So können Sie nicht nur mental, sondern mit allen Sinnen und Empfindungen auf körperlicher, emotionaler und seelischer Ebene Ihrer eigenen Wahrheit nachspüren.

Alle Übungen werden von einem gezielten Achtsamkeits- und Bewusstseinstraining flankiert. Es bietet Unterstützung, Ihre Beobachtungen, Eindrücke und Erkenntnisse schrittweise auszubauen.

Machen Sie sich immer wieder klar: Lebensbalance ist nicht dauerhaft als ein fester Zustand zu erreichen. Lebensbalance ist ein ständiges Neujustieren, um immer wieder wach und aufmerksam mit den vielen Veränderungen des Lebens umgehen zu können. Krisenzeiten sind besondere Abschnitte im Leben. Es sind Zeiten, in denen sich Konzepte über das eigene Leben und die eigene Identität auflösen. Das Neue ist noch im Werden, das Alte trägt nicht mehr. Diese Zeiten des Umbruchs benötigen Geduld, denn meistens dauern unsere Entwicklungsprozesse länger, als wir es uns vorgestellt haben. Doch gerade dadurch schenken sie uns so viel Vertiefung und die Möglichkeit, uns richtig gut kennen- und lieben zu lernen.

## Gezieltes Bewusstseinstraining verstärkt Erkenntnis und Umsetzung

Mit diesem Logbuch möchte ich Sie in ein Forschungslabor einladen, in dem Sie alle Ihre Themen und deren Zusammenhänge möglichst offen und wertfrei untersuchen. Mit dem Human Balance Kompass steht Ihnen dafür ein hilfreiches Werkzeug zur Seite.

Der Kompass weist fünf Ebenen auf: Körper, Gefühl, Verstand, Seele und Selbstbewusstsein. Es kann sehr gewinnbringend sein, diese Wahrnehmungs- und Betrachtungsebenen zunächst mit in das Forschungslabor und anschließend auch mit in Ihren Alltag hineinzunehmen. Für die Persönlichkeitsarbeit ist sowohl ein klarer, durchdringender Verstand nötig, der differenziert unterscheiden kann und sich nicht ablenken lässt, als auch ein offenes Herz, das differenziert die eigenen Emotionen erspürt.

Der Körper ist unbestechlich. Fühlt er sich wohl, richtet er sich auf und entspannt sich. Stress und Druck pressen einen Körper eher zusammen und erzeugen somit die verschiedensten Symptome im gesamten menschlichen System. Deshalb ist es so wertvoll, auch den feinen Empfindungen und Botschaften des Körpers zu lauschen. Die Seele, in der unser Sinn- und Werteverständnis verankert ist, steht mit dem Körper in Wechselwirkung. Es gibt keine von der Seele getrennte Gesundheit oder Krankheit. Je aufmerksamer wir also auch auf unseren feinen Wesenskern achten, umso mehr können wir von den weisen Blickwinkeln unserer Seele beschenkt werden. Der Human Balance Kompass auf der nächsten Seite wird Sie durch das gesamte Logbuch begleiten.

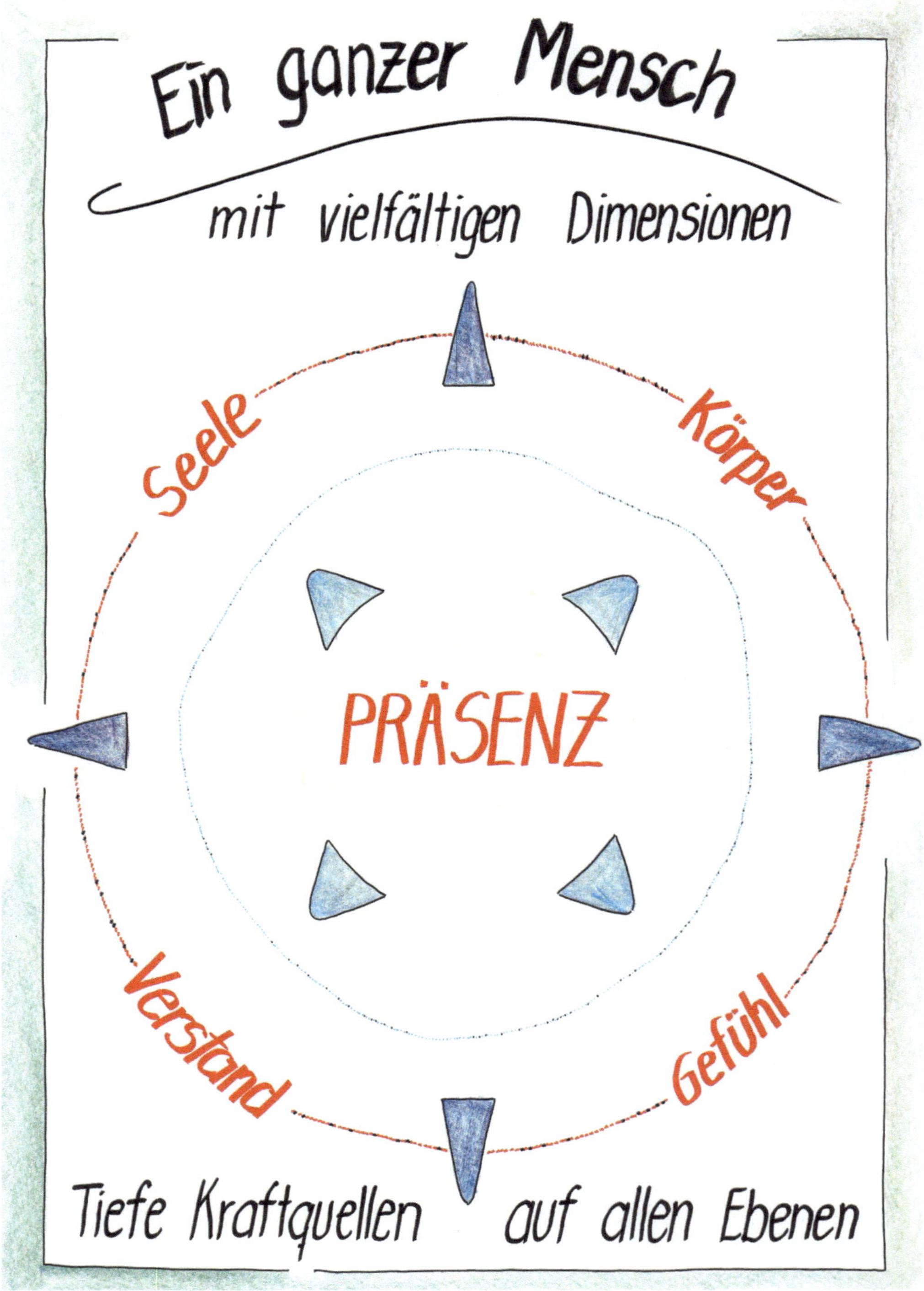
Ein ganzer Mensch
mit vielfältigen Dimensionen
Seele
Körper
PRÄSENZ
Verstand
Gefühl
Tiefe Kraftquellen auf allen Ebenen

Auch die vier HERZ-Perspektiven sind immer mit dabei. Sie bilden einen wesentlichen Baustein des gezielten Bewusstseinstrainings, der zudem jede Übung flankiert. Das Akronym HERZ steht für Haltung, Empathie, Ressource und Zeuge. Diese vier Perspektiven werden aktiv eingesetzt, um die Prozessschritte zu vertiefen und mit Inspirationen und Impulsen auszustatten:

- Haltung: Durch welchen Gedanken- und Erfahrungsfilter betrachte ich ein Thema?
- Empathie: Was geht in mir selbst und in anderen vor? Welche Emotionen steigen dabei auf?
- Ressource: Was steht mir alles zur Verfügung, um mir den nächsten Schritt zu erleichtern?
- Zeuge: Der weise Beobachter in mir, der viele Dinge im Überblick betrachten und sortieren kann, und der mir stets als guter Ratgeber zur Seite steht.

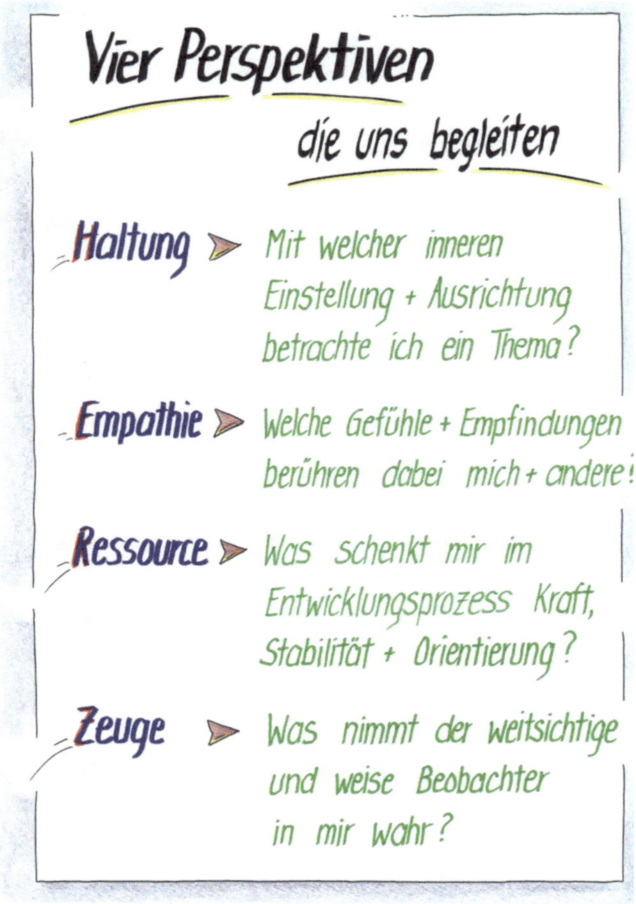

## Merkmale einer Krise verstehen

Krisen gehören zum Leben dazu. Wir alle sind irgendwann von dieser Erfahrung betroffen. Eine aktuelle Studie zum Thema »Krise und Gesundheit« belegt, dass derzeit jeder zweite Beschäftigte von einem kritischen Lebenseinschnitt beeinträchtigt ist. Die Rede ist von schweren Erkrankungen der eigenen Person oder von Familienangehörigen, belastenden Konflikten im persönlichen oder beruflichen Umfeld, Pflegefällen, Trennung vom Lebenspartner, Unfällen, Verletzungen oder auch Suchtproblemen.

Krisen stellen das gesamte Leben auf den Prüfstand. Sie beinträchtigen die körperliche und psychische Gesundheit, die Arbeitsfähigkeit sowie die Kompetenz, sich aktiv ins Leben einzubringen – und tief im Wesenskern auch das natürliche Selbstverständnis und das Selbstwertgefühl.

Ursprünglich kommt das Wort Krise aus dem Altgriechischen und bedeutet eine schwierige Lage, Situation oder Zeit, die den Höhe- und Wendepunkt einer gefährlichen Entwicklung darstellt. Es ist die Zeit, in der es gilt, den Wendepunkt als solchen wahrzunehmen sowie das Wesentliche und die Essenz des Lebens zu erfassen. Im Kern geht es darum, aktiv nach dem Ausweg aus der Krise zu suchen, und auch um die Bereitschaft, sich vom Unbekannten finden zu lassen. Es geht um Entscheidungsmöglichkeiten und die Fähigkeit, Handlungsspielräume sogar in schwierigen Situationen zu entdecken und wahrzunehmen. Der Blick nach vorn und die Lösungsorientierung setzen die natürlichen Kräfte und Potenziale in uns dafür frei. Letztendlich kann die Krise als Phase der Veränderung erlebt werden, in der gehandelt und gestaltet werden muss, um sie zu überstehen oder sogar als Chance zu nutzen.

Das Schaubild auf der gegenüberliegenden Seite beschreibt den typischen Verlauf einer ungewollten Veränderung. Oft trifft uns eine Krise überraschend – wie ein Schock. Manchmal baut sie sich langsam auf und wir haben in uns schon längere Zeit eine Vorahnung. In dem Moment, in dem wir erfahren, dass sich etwas in unserem Leben verändern wird, spüren wir meist zunächst den Impuls der Verneinung. Wir wollen das Ganze wegschieben und gewinnen dadurch zumindest für einige Zeit etwas Sicherheit. Wir versuchen, die Kontrolle und Orientierung zu bewahren.

Aber das Leben geht weiter und zwingt uns dazu, uns mit der neuen Situation auseinanderzusetzen. Unser Verstand ist meist schnell bereit dazu. Er kann sich zunächst einbilden, das Problem bewältigt und damit abgehakt

## Modell Veränderungsabläufe verstehen

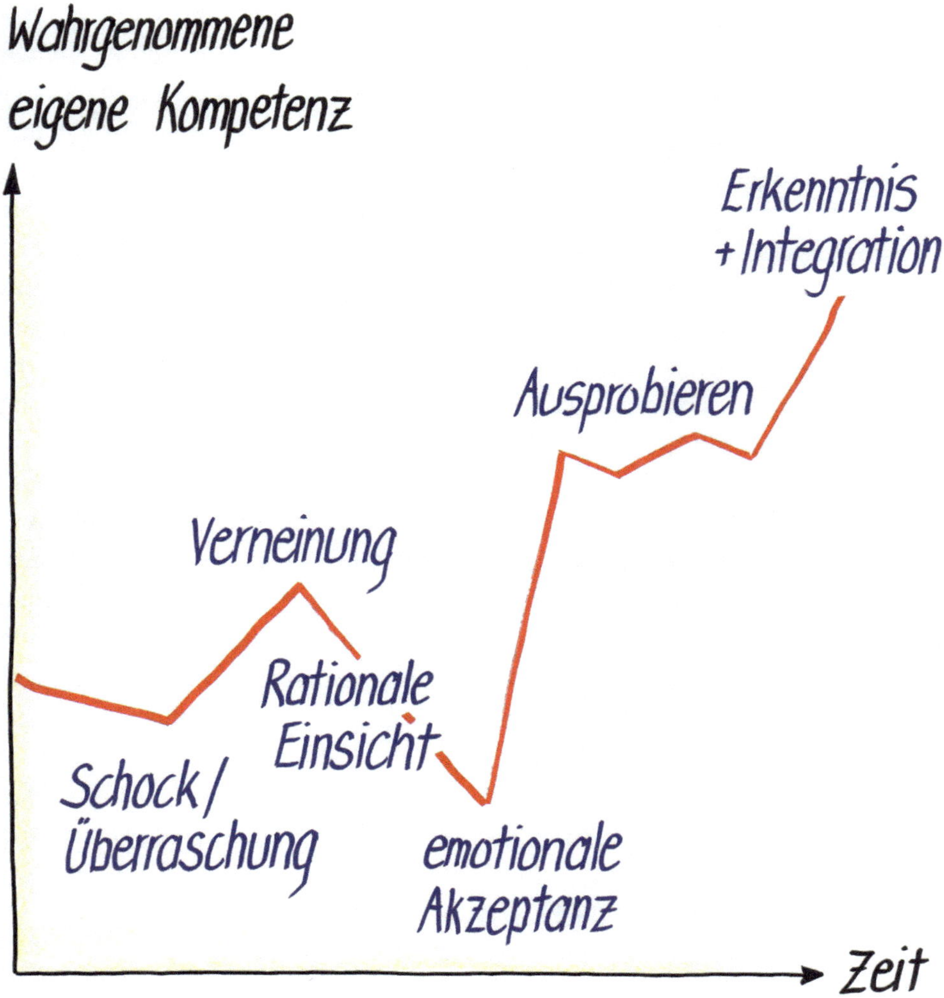


Nach: Richard K. Streich

zu haben. Mit seinen Werkzeugen, der mentalen Stärke, kommt er mit neuen Konstellationen gut zurecht.

Körper, Herz und Seele schwingen jedoch in ihrem eigenen Rhythmus. Sie benötigen in der Regel mehr Zeit, um sich mit einem tief gehenden Wandel auseinanderzusetzen und ihn allmählich akzeptieren zu können. Gefühle lassen sich nicht verdrängen. Spüren wir, dass in uns noch tiefe Emotionen arbeiten, sollten wir uns ausreichend Zeit zum Verarbeiten lassen. Andernfalls schleppen wir sie unser Leben lang wie schwere Steine in unserem Rucksack mit und das ist unnötig.

Krisen bringen es meist mit sich, dass wir etwas loslassen müssen – einen geliebten Menschen, ein Bild von uns selbst, unseren Lebensentwurf oder unsere Zukunftsvisionen. Dann verlangt der Prozess des Loslassens von uns Geduld, Hingabe und Einlassung. Diese Phase der emotionalen Akzeptanz kann uns ganz schön an die Grenzen unseres Selbst bringen. Ich möchte Sie ausdrücklich dazu ermutigen, sich für eine wahrhaftige Verarbeitung Zeit zu schenken. Damit ebnen Sie sich selbst den Weg zu einer neuen Lebens- und Bewusstseinsqualität. Auch wenn es Sie sehr herausfordert: Nutzen Sie diesen schwierigen Lebenseinschnitt, um sich tiefgreifend weiterzuentwickeln. Es ist ein Wunder: Sobald Sie sich dem Lebensstrom öffnen, trägt Sie das Leben in neue Erlebnisfelder.

In diesem Logbuch werden Sie viele Werkzeuge kennenlernen, um diese herausfordernde Zeit gut zu überstehen und um den Blick nach vorn beizubehalten. Krisenbewältigung kann ein Sprungbrett sein in eine neue, in eine reifere, ausbalancierte Lebensqualität und so kommt auch die Lebensfreude wieder zurück. Fassen Sie Mut und Vertrauen, dass in jedem dunklen, tiefen Tal ein Licht auf Sie zukommt. Manchmal ist es zunächst ein Glühwürmchen, das erste Lichtzeichen sendet. Bleiben Sie in Bewegung – gehen Sie weiter, auch wenn es Ihnen schwerfällt.

## Erste Frage: Wo stehen Sie zurzeit?

Betrachten Sie zunächst das Modell »Veränderungsabläufe verstehen« auf Seite 17 und spüren Sie ehrlich in sich selbst hinein: An welchem Punkt befinden Sie sich gerade? Versuchen Sie Ihre aktuelle Lebenssituation eher rational in den Griff zu bekommen? Gelingt es Ihnen oder werden Sie doch immer wieder von innerer Unruhe, Ängsten oder Kummer geplagt? Oder haben Sie sich schon intensiv mit sich selbst und Ihrer Situation auseinandergesetzt und befinden sich schon auf dem aufsteigenden Ast? Üben Sie, von Anfang an, ganz offen und ehrlich hinzuschauen – dann werden Sie aus allen Ihren Bemühungen den größten Gewinn ziehen.

Nun kommen die HERZ-Perspektiven ins Spiel. Sie werden bei den Übungen eingesetzt, um durch die Fragen die verschiedenen Prozessschritte zu vertiefen und um vielfältige Inspirationen und Impulse zu bekommen. Daher fragen Sie sich jetzt angesichts der aktuellen Situation:

- Das »H« steht für Haltung: Durch welchen Gedanken- und Erfahrungsfilter betrachte ich meine jetzige Lebenssituation? Welche grundsätzliche Einstellung habe ich zur Wahrnehmung des ganzen Geschehens? Kann ich es annehmen oder lehne ich es ab? Kann ich die ganze Situation in meinen großen Lebensplan einordnen oder fühle ich mich eher verloren und desorientiert?
- Das »E« steht für Empathie: Welche Gefühle und Stimmungen bewegen mich? Habe ich Mitgefühl zu mir selbst oder eher für andere? Kann ich meine Gefühle zulassen oder versuche ich sie unter einem Deckel zu halten?
- Das »R« steht für Ressource: Was benötige ich, um mit mir selbst und allen meinen Gedanken, Gefühlen und Empfindungen in einem offenen Kontakt zu sein? Was steht mir alles zur Verfügung, um mir den nächsten Schritt zu erleichtern? Welche Ideen habe ich, um aus schwierigen, ohnmächtigen oder absurden Situationen herauszukommen?
- Und das »Z« steht für Zeuge: Was sagt der weise Beobachter in mir, der ruhig und neutral aus einer übergeordneten Perspektive Zusammenhänge genau betrachten und sortieren kann? In der Zeugenposition können Sachverhalte in anderen Relationen betrachtet werden, ohne sich in vorschnelle Einschätzungen zu verstricken. Von außen lässt sich viel deutlicher wahrnehmen, welche Handlungsspielräume sich in Geschehnissen verbergen.

Experimentieren Sie, probieren Sie es aus. Machen Sie sich nach und nach mit den verschiedenen Perspektiven vertraut. Die Grundidee dahinter ist, dass gelernt wird, Themen transparenter und auf eine ganz andere Weise wahrzunehmen und zu betrachten, und sie dadurch auch im Alltag anders anzugehen.

## Gleich geht es los – nur noch ein paar Hinweise

Das Logbuch führt durch aufeinander abgestimmte, aufbauende Trainingsinhalte. Am meisten profitieren Sie davon, wenn Sie folgende Empfehlungen beachten:

- Nutzen Sie die klare Struktur, die vorgegeben ist.
- Suchen Sie sich einen ruhigen, ungestörten Platz, der Ihnen die Möglichkeit gibt, um tiefer über Dinge nachzudenken oder in sich hineinzuspüren – vorzugsweise in der Natur.
- Sie können Ihre Gedanken direkt ins Logbuch schreiben. Für die schriftliche Durchführung der Übungen wähle ich gern ein großes DIN-A3-Blatt, um möglichst viel Platz zum Schreiben und Zeichnen zu haben. Zur Vertiefung besteht die Möglichkeit, die Übung zudem als Schaubild auf dem Boden auszulegen. Machen Sie sich mit beiden Möglichkeiten vertraut und spielen Sie damit.
- Achten Sie auf die Symptome und die Wurzel der Geschehnisse.
- Sie können die Übungen auch mit einem guten, wertschätzenden Gesprächspartner durchführen. Reflexion und Austausch unterstützen dabei, tiefer zu gehen und manchen blinden Fleck bei sich selbst durch den Spiegel des anderen aufzudecken.
- Teilen Sie Ihre Erkenntnisse und Erfahrungen mit Freunden und Bekannten erst dann, wenn Sie sich wohl und sicher fühlen. Ein Gespräch kann unterstützen – manchmal aber auch irritieren und vielleicht aus dem Konzept bringen.

Die Fragestellungen der Übungen sind einfach aufgebaut und leicht verständlich. Wenn Sie sich damit auseinandersetzen, werden Sie jedoch bemerken, dass diese sehr tief gehen können. Das HBT-Training kann sehr intensive Entwicklungsimpulse geben. Es ist die Chance dieser Arbeitsmethode, sich schrittweise auf diese Impulse einzulassen. Sollten Sie allerdings feststellen, dass Sie an persönliche Grenzen stoßen, dann suchen Sie sich bitte Unterstützung bei einem guten Coach, Therapeuten oder Arzt, denn der Weg durch eine Krise hindurch und aus ihr heraus ist bisweilen ziemlich schwierig. Die Arbeit mit dem Logbuch ersetzt keine medizinische oder therapeutische Therapie. Es dient als Präventionsmaßnahme. Nutzen Sie jede Ressource, die Ihnen zur Verfügung steht, um den Weg gut gehen zu können. Leichter, sicherer und stabiler – ganz im Sinne der Resilienz.

Zusätzlich zu diesem Logbuch macht es Sinn, dass Sie ein Tagebuch führen, um neben den ins Logbuch geschriebenen und gezeichneten Notizen kontinuierlich Ihre Erkenntnisse, guten Vorsätze, Hinterfragungen und Fortschritte festzuhalten. Für einige Übungen sollten Sie Papier, einen Malblock, bunte Stifte, Moderationskarten sowie zwei etwa zehn Meter lange Seile bereithalten.

Und nun geht es los mit dem Übungsteil. Ab hier spreche ich Sie mit Du an.

# Achtsame Selbststeuerung

Tiefe Kraftquellen
Welche tiefen Kraftquellen speisen mich?
Energiespeicher
Welche Energie-Räuber wirken besonders stark?
Welche Möglichkeiten besitze ich, um mich in meiner Stabilität, Ruhe + Gelassenheit zu stärken?

## Stufe 1: Tiefe Kraftquellen

**ZIELE UND NUTZEN:** Resilienz bedeutet Lebenskraft. Deshalb lautet die Kernfrage der Resilienz: Wie viel Energie, Vitalität und Spannkraft stehen dir im Moment zur Verfügung? Kennst du deine Energiespender und Energieräuber? Sich mit diesen Fragen zu beschäftigen ist besonders in Krisenzeiten relevant. Gerade dann sind viel Verständnis und Fürsorge für den eigenen Energiehaushalt wichtig. In dieser Übung fokussierst du deine Wahrnehmung auf die tiefen Kraftquellen, die sich in deinem Organismus befinden, um die zusätzlichen Pakete bewältigen zu können. Wenn du weißt, wie du dein Energielevel stabilisieren oder anheben kannst und die entsprechenden Maßnahmen umsetzt, werden die eigenen Kraftquellen sprudeln – deine Leistungsfähigkeit, Lebensfreude und dein Wohlbefinden nehmen wieder zu.

### Durchführung

**SCHRITT 1:** Male intuitiv ein Energiefass (Energiebatterie) als Sinnbild deines persönlichen Energiehaushalts. Da dieser situativ schwankt, nimm einen Mittelwert. Das Fass kann rund und prall sein oder auch klein und schmal – bilde ein authentisches Abbild deiner »gefühlten Wirklichkeit« ab. Frage dich: Zu wie viel Prozent ist mein Fass gefüllt? Definiere – ohne groß nachzudenken – eine Prozentzahl. Beispielsweise: »Im Moment geht es mir gut, mein Energiefass fühlt sich zu 75 Prozent gefüllt an.« Oder aber: »Ich bin am Rande meiner Kräfte. Die Füllung meines Energiefasses schwankt zwischen 20 und 40 Prozent.« Diese spontan geäußerte Zahl ist meist ein guter Spiegel deiner tatsächlichen Verfassung.

**SCHRITT 2:** Nun notiere, durch welche Aktivitäten, Situationen oder Begebenheiten du dein Fass füllst und wodurch du es leerst. Folgende Fragen helfen dabei:

Was bekommt mir gut? Wie beachte und erfülle ich meine persönlichen Bedürfnisse?

.....................................................................................................

.....................................................................................................

.....................................................................................................

.....................................................................................................

.....................................................................................................

.....................................................................................................

Was kostet mich Kraft? Wodurch gehen meine Konzentration oder Freude verloren?

.....................................................................................................

.....................................................................................................

.....................................................................................................

.....................................................................................................

.....................................................................................................

.....................................................................................................

Verschaffe dir auf diese Weise einen Überblick – möglicherweise zeigen sich bereits erste Handlungsspielräume.

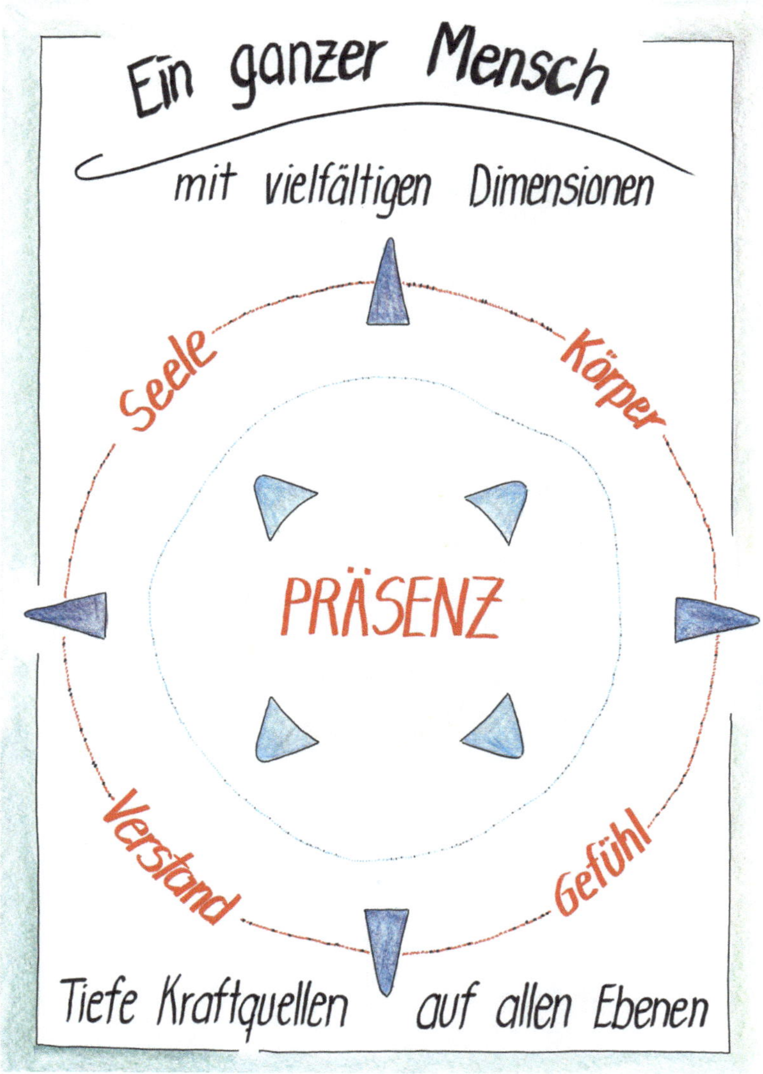


**SCHRITT 3:** Jetzt gilt es, die Übung zu intensivieren, indem du diese Fragen auch mithilfe von sogenannten Bodenankern durchspielst. Du hast bereits den Kompass kennengelernt mit den fünf Feldern: Körper, Gefühl, Verstand, Seele und Bewusstsein. Sprechen wir über Energiegewinn und Energieverlust, ist es sehr hilfreich, diese verschiedenen Ebenen – auch in ihrer Wechselwirkung – zu betrachten. Dazu legst du am Boden mithilfe von zwei Seilen jeweils einen Kompass mit diesen fünf Feldern aus.

**SCHRITT 4:** Gerade in Krisenzeiten gilt es ganz besonders, gut auf sich aufzupassen. Vieles, was vorher gepasst hat, gilt es nun ganz neu zu entdecken. Erlaube dir, dich unter anderen Bedingungen neu kennenzulernen. Betrete nun nacheinander die einzelnen Felder und spüre dabei ganz genau in dich hinein, durch welche Aktivitäten, Situationen, Begebenheiten du Energie gewinnst oder verlierst. Stelle dir die folgenden Fragen. Du kann dir anschließend dazu jeweils deine Erfahrungen ins Logbuch notieren.

Wie geht es meinem Körper? Was stärkt ihn? Was schwächt ihn? Welche Art von Ernährung, Bewegung, Schlaf und Ruhepausen stabilisieren ihn?

..........................................................................................

..........................................................................................

..........................................................................................

..........................................................................................

..........................................................................................

..........................................................................................

Wie geht es meinem Herz? Was erfreut es? Was bekümmert es?

..........................................................................................

..........................................................................................

..........................................................................................

..........................................................................................

..........................................................................................

..........................................................................................

Was stärkt meine mentale Kraft? Wann kann ich fokussiert und konzentriert arbeiten? Womit schwäche ich die Kapazität meines Verstands?

............................................................................................................

............................................................................................................

............................................................................................................

............................................................................................................

............................................................................................................

Kann ich meine Seele spüren? Was animiert sie? Welches sind die besonderen Fähigkeiten und Qualitäten meines innersten Wesens?

............................................................................................................

............................................................................................................

............................................................................................................

............................................................................................................

Überprüfe genau, wo du Ressourcen und Energietankstellen in deinem Leben entdeckst. Mache dir bewusst, wie du diese Kraftspeicher aktiv für dich nutzen kannst.

............................................................................................................

............................................................................................................

............................................................................................................

............................................................................................................

**SCHRITT 5:** Fasse deine bisherigen Erkenntnisse zusammen und filtere detailliert heraus, welchen direkten Einfluss du auf deinen persönlichen Energiehaushalt nehmen kannst. Wichtig ist dabei, Zusammenhänge aufzudecken. Stelle dir dabei folgenden Fragen und notierte dir deine Gedanken dazu.

Welche Maßnahmen liegen auf der Hand?

.............................................................................................................

.............................................................................................................

.............................................................................................................

.............................................................................................................

.............................................................................................................

.............................................................................................................

.............................................................................................................

Was kannst du sofort umsetzen?

.............................................................................................................

.............................................................................................................

.............................................................................................................

.............................................................................................................

.............................................................................................................

.............................................................................................................

.............................................................................................................

Was möchtest du sofort in deinen Alltag integrieren, damit du dich so schnell wie möglich besser fühlst?

........................................................................................................

........................................................................................................

........................................................................................................

........................................................................................................

........................................................................................................

........................................................................................................

........................................................................................................

........................................................................................................

Entscheide dich für kleine, aber realistische Maßnahmen, die dir derzeit Gelassenheit, Halt und Orientierung schenken können. Notiere deine Fortschritte – auch die kleinen, dann bleiben sie besser im Gedächtnis, und du kannst dich darüber freuen.

........................................................................................................

........................................................................................................

........................................................................................................

........................................................................................................

........................................................................................................

........................................................................................................

Vertiefung

## Schenke dir Zeit und Raum, um immer wieder mal genau in dich hinzuspüren

Innehalten bedeutet, für eine kleine Weile aus dem Alltagstrubel zurückzutreten, um sich zu spüren und im Kontakt mit sich selbst zu sein. Krisenzeiten fordern uns regelrecht heraus, ein Gegengewicht von Ruhe, Kraft und Klarheit in uns zu finden. In diesen Zeiten sind wir empfindsamer und dünnhäutiger. Das ist auf der einen Seite anstrengend, auf der anderen Seite ist es jedoch auch eine besondere Chance, für die feinen Stimmungen und Schwingungen empfänglich zu werden.
Achtsamkeit ist die Grundlage der HBT-Methode. Achtsamkeit bedeutet, wach und präsent im Augenblick zu sein, alle Sinne zu öffnen sowie alle Empfindungen und Gedanken möglichst wertfrei wahrzunehmen. Mit dem HBT-Kompass hast du dafür ein hilfreiches Werkzeug an der Seite. Mit ihm kannst du sofort deine inneren Dimensionen – Körper, Gefühl, Verstand und Seele – differenziert wahrnehmen.

Wie freundschaftlich begleitest du deinen Körper durch den Tag? Gehst du auf deine Bedürfnisse ein?

.....................................................................................................

.....................................................................................................

.....................................................................................................

.....................................................................................................

.....................................................................................................

.....................................................................................................

Schenkst du deinen Stimmungen und Gefühlen Gehör und nutzt du deine Beziehungen als wunderbare Energiequelle?

........................................................................................................................

........................................................................................................................

........................................................................................................................

........................................................................................................................

........................................................................................................................

........................................................................................................................

........................................................................................................................

........................................................................................................................

Wie zeigt sich dein Thema, wenn du es mit gesundem Menschenverstand betrachtest? Und wo kreierst du immer wieder unnötige Reibungsverluste?

........................................................................................................................

........................................................................................................................

........................................................................................................................

........................................................................................................................

........................................................................................................................

........................................................................................................................

........................................................................................................................

Hast du Zugang zu deinen Werten und zu deinem Sinnverständnis? Wenn ja, wie äußert sich das?

..................................................................................................

..................................................................................................

..................................................................................................

..................................................................................................

..................................................................................................

..................................................................................................

..................................................................................................

..................................................................................................

..................................................................................................

..................................................................................................

..................................................................................................

..................................................................................................

..................................................................................................

..................................................................................................

..................................................................................................

..................................................................................................

..................................................................................................

In der Seele findest du den stärksten Halt und Ruhepunkt. Es braucht jedoch Zeit, bis du an diese Stelle vordringst.
Die Kompassstruktur kann dir im Laufe eines Tages viel Orientierung schenken. Zusammenhänge zeigen sich dir klar und nüchtern. Du verlierst dich nicht in deinen irritierenden Empfindungen, sondern bleibst in Kontakt mit deinen Bedürfnissen, um stabil durch den Tag zu kommen. Und du übernimmst – so weit wie möglich – Verantwortung für dich selbst. Gleichzeitig bekommst du ein gutes Gespür dafür, an welchen Stellen du dir lieber Unterstützung holen willst.
Je erschütterter wir sind, umso liebevoller sollten wir mit uns selbst umgehen. Dazu möchte ich dich in diesem Logbuch immer wieder aufrufen. Bleibe immer wieder im Hier und Jetzt, selbst dann, wenn dein Gedankenkarussell oder schmerzhafte Gefühle dich wegziehen möchten. Nur wenn wir in diesem Moment wach und präsent sind, können wir uns ernähren – durch unsere Sinne nehmen wir die Nährstoffe dafür auf. Achte darauf, was du hörst, siehst oder spürst. Nimm die schönen Dinge wahr, die dich täglich begleiten. Achte auf Bilder und Farben, auf Klänge und Geräusche, auf Düfte und Gerüche, die dir Freude bereiten. Entdecke deinen Spürsinn für die Sonne, die dich berührt, für einen warmen Wind, der über deine Haut streicht oder für eine schöne Stimmung, die deine Seele erreicht. Auch, wenn du manchmal das Gefühl hast, du müsstest dich schützen – öffne dennoch die Flügeltüren zu deinem Inneren, damit sie die Schönheit des Lebens erreichen kann.

Rollenklarheit
Welche Rollen fülle ich heute aus?
Welche Rollen füllte ich früher aus?
Welche Rollen möchte ich zukünftig wählen?

## Stufe 2: Rollenklarheit

**ZIELE UND NUTZEN:** Beruflich und privat hast du verschiedenste Rollen, Aufgaben und Verpflichtungen übernommen. Jetzt geht es darum, dass du dir ganz bewusst einen Überblick über diese Rollen verschafft. Neben der Beziehung zu dir selbst bist du mit vielen anderen Menschen in unterschiedlichen Netzwerken verbunden. Manche Rollen sind von Geburt an definiert: Tochter oder Sohn, Enkelkind, Schwester oder Bruder. Andere wählst du nach und nach im Laufe deines Lebens durch Beziehungen (Ehe, Lebenspartner), Freundschaften, Bekanntschaften sowie durch Aufgaben und Verpflichtungen im beruflichen oder gesellschaftlichen Umfeld.

Rollen füllen uns aus und machen unser Leben reich und kostbar. Dennoch gilt es innezuhalten und abzuwägen, was aktuell stimmig und was zu viel ist. Diese Übung hilft dir, die gegenwärtige Konstellation deines Lebens wahrzunehmen und auf eine respektvolle, achtsame Art zu hinterfragen.

Es geht dabei sowohl um die Quantität und Qualität der übernommenen Rollen und Aufgaben als auch um bisherige Muster und Prägungen unserer Verhaltensweisen. Es ist hilfreich, die eigenen Grundmuster gut zu kennen und unterbrechen zu können, denn in Belastungssituationen werden diese Muster oft noch auf die Spitze getrieben – sie bringen uns auf Hochtouren und an unsere Belastungsgrenzen.

Innerhalb einer bestimmten Rolle oder Funktion bewegen wir uns mehr oder weniger bewusst. Jede Rolle ist verknüpft mit einem bestimmten »Anforderungsprofil«, das uns bindet und in unserem Kräftefeld eine bestimmte Wirkung erzeugt. In dieser Konstellation wirken wir auf andere ein – und andere auf uns. Jeder von uns hat sich über viele Jahre hinweg eine ureigene Lebenskonstellation kreiert.

In vielen Fällen offenbart der Gesamtblick, dass die Verteilung von Zeit, Kraft und Aufmerksamkeit noch nicht stimmt und so nicht funktionieren kann. Begib dich also wieder in dein Forschungslabor. Je genauer und ehrlicher du deine Rollen und dein Rollenverhalten differenzierst, desto besser wirst du dein gesamtes Leben wie in einem Spiegelbild betrachten können. Nur wenn du weißt, wo du stehst, kannst du klare Schritte setzen!

## Durchführung

**SCHRITT 1:** Trag deine aktuellen Rollen zusammen. Sammle alles ein, was dir einfällt: im Familien- und Freundeskreis, beruflich oder im sozialen Umfeld.

..........................................................................................................................

..........................................................................................................................

..........................................................................................................................

..........................................................................................................................

**SCHRITT 2:** Für die folgende Ist-Analyse zeichne einen Kreis. Trage alle gesammelten Rollen wie Kuchenstücke ein: Die Größe der Kuchenstücke hängt nicht allein davon ab, wie viel Zeit du mit der Rolle verbringst, sondern wie stark die einzelnen Persönlichkeitsanteile in der gegenwärtigen Situation gewichtet sind. Gehe dabei intuitiv vor und drücke deine gefühlte Wirklichkeit aus.

Betrachte deine Rollen wie in einem Spiegelbild: Fühlst du dich mit deinen Rollen wohl? Kannst du innerhalb dieses Rollenspektrums deine Bedürfnisse gut erfüllen?

..........................................................................................................

..........................................................................................................

..........................................................................................................

**SCHRITT 3:** Jetzt hinterfrage dein bisheriges Rollenverhalten hinsichtlich deiner persönlichen Resilienz und beantworte folgende die Fragen.

Welche Rollen und Verbindlichkeiten hast du als Kind unbewusst oder intuitiv übernommen?

..........................................................................................................

..........................................................................................................

..........................................................................................................

Trage diese Rollen und Verbindlichkeiten ebenfalls in einem Kreis zusammen und teile den Rollenkuchen entsprechend auf. Welchen Anteil hat welche Rolle?

Welche Fühl-, Denk- und Verhaltensweisen von damals wiederholst du heute noch immer?

Welche davon sind dir gegenwärtig dienlich?

Und welche entsprechen dir heute nicht mehr?

.........................................................................................................

.........................................................................................................

.........................................................................................................

.........................................................................................................

.........................................................................................................

Welche Strategien unterstützen dich dabei, deine aktuelle Krise zu bewältigen?

.........................................................................................................

.........................................................................................................

.........................................................................................................

.........................................................................................................

.........................................................................................................

Welche Strategien sind eher kontraproduktiv?

.........................................................................................................

.........................................................................................................

.........................................................................................................

.........................................................................................................

.........................................................................................................

**SCHRITT 4:** Nun richte deinen Blick auf noch größere Zusammenhänge. Dazu legst du am Boden mithilfe eines Seils eine Zeitschiene. Beschrifte drei Moderationskarten mit »Vergangenheit«, »Gegenwart« und »Zukunft«. Platziere diese auf der Zeitschiene. Übertrage nun deinen Rollenkuchen der Gegenwart und der Vergangenheit auf ein Blatt Papier und lege sie auf der Zeitschiene zur Karte »Gegenwart« beziehungsweise »Vergangenheit«.
Anschließend stellst du dich auf dein gegenwärtiges Rollengefüge und spürst dich in folgende Fragen hinein. Halte deine Gedanken im Anschluss stichwortartig fest.

Wie fühlst du dich in deinem Rollenkuchen? Wohl und aufgehoben? Oder eher unruhig? Beschreibe deine Gefühle. Was sprechen Körper, Gefühl, Verstand und das Werteverständnis deiner Seele? Spürst du eine gute Balance oder möchtest du etwas verändern?

..........................................................................................

..........................................................................................

..........................................................................................

..........................................................................................

..........................................................................................

..........................................................................................

..........................................................................................

..........................................................................................

..........................................................................................

..........................................................................................

..........................................................................................

Dann stellst du dich auf das Rollengefüge deiner Vergangenheit und gehst den gleichen Fragen nach: Wie fühltest du dich damals in deinen einzelnen Rollen? In was bist du hineingeraten? Und was hast du daraus schon alles gemacht?

............................................................................................................

............................................................................................................

............................................................................................................

............................................................................................................

............................................................................................................

............................................................................................................

............................................................................................................

Zum Schluss richtest du den Blick nach vorn. Überlege, wohin deine Lebensreise gehen soll: Wie möchtest du dein Lebens- und Rollengefüge zukünftig gestalten, damit du deine Gesundheit bewahrst, deine Potenziale weiterentwickelst und Freude erlebst? Welche Rollen möchtest du vergrößern, verkleinern oder sogar loslassen?

............................................................................................................

............................................................................................................

............................................................................................................

............................................................................................................

............................................................................................................

............................................................................................................

Zeichne auch hier, wie dein Rollenkuchen in der Zukunft aussehen kann.

**SCHRITT 5:** Schreib in Ruhe alle Eindrücke, Anregungen und Ideen auf. Mache dir dabei bewusst, was deine Erkenntnisse für deinen Alltag bedeuten könnten. Und formuliere nun erste Maßnahmen, wie du dein Ziel – dein neues Leben – Schritt für Schritt erreichst.

........................................................................................................................

........................................................................................................................

........................................................................................................................

........................................................................................................................

........................................................................................................................

........................................................................................................................

........................................................................................................................

........................................................................................................................

## HERZ-Fragen

**HALTUNG:** Wie stehst du zu den vielfältigen Rollen, die du ausfüllst? Bist du zufrieden mit allen Aufgaben und Verbindlichkeiten, die sich daraus ergeben oder fühlst du dich überfordert? Hast du Rollen schon einmal zurückgegeben und dadurch Platz für Neues erhalten? Entdeckst du in deinem Rollengefüge auch Zeit für dich selbst, die nur dir gehört? Wie nutzt du sie?

.............................................................................................................

.............................................................................................................

.............................................................................................................

.............................................................................................................

.............................................................................................................

.............................................................................................................

.............................................................................................................

.............................................................................................................

.............................................................................................................

.............................................................................................................

.............................................................................................................

.............................................................................................................

.............................................................................................................

.............................................................................................................

.............................................................................................................

**EMPATHIE:** Verteilst du Fürsorge und Aufmerksamkeit hauptsächlich an andere, oder bist du dir selbst auch ein liebevoller Freund? Entdeckst du in deinen Rollen eine besondere Vorliebe, zum Beispiel immer der Kümmerer für andere beziehungsweise für Projekte zu sein? Kannst du für deine eigenen Bedürfnisse auch Verantwortung übernehmen? Wie gehst du damit um?

..........

..........

..........

..........

..........

..........

..........

**RESSOURCE:** Was brauchst du, damit du in allen deinen verschiedenen Aufgabenfeldern gleichzeitig liebevoll mit dir und anderen umgehen kannst?

..........

..........

..........

..........

..........

..........

..........

**ZEUGE:** Lass dich von dem weitsichtigen Beobachter in dir inspirieren, wohin deine Lebensreise gehen kann und welche Rolle du dazu beibehalten oder liebevoll zurückgeben solltest. Oder du belässt alles, genauso wie es ist, und achtest darauf, in welcher Art du eine Rolle ausfüllst und modulierst. Welche Inspirationen fallen dir ein?

...................................................................................................

...................................................................................................

...................................................................................................

...................................................................................................

...................................................................................................

...................................................................................................

...................................................................................................

...................................................................................................

...................................................................................................

...................................................................................................

...................................................................................................

...................................................................................................

...................................................................................................

...................................................................................................

...................................................................................................

...................................................................................................

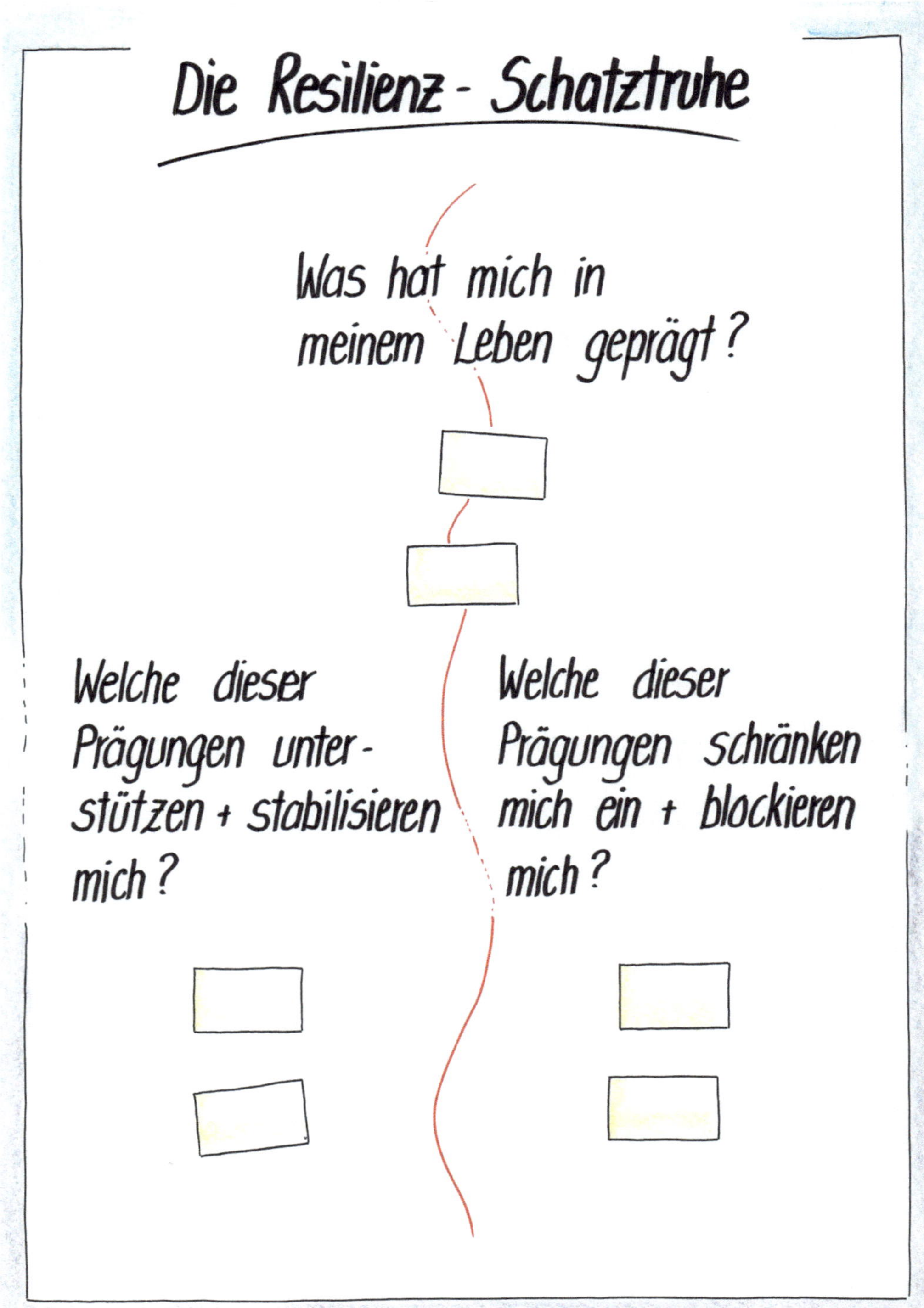
Die Resilienz - Schatztruhe
Was hat mich in meinem Leben geprägt?
Welche dieser Prägungen unterstützen + stabilisieren mich?
Welche dieser Prägungen schränken mich ein + blockieren mich?

## Stufe 3: Die Resilienz-Schatztruhe

**ZIELE UND NUTZEN:** Die Übung Resilienz-Schatztruhe lädt dich ein, dein Leben wieder in seiner Gesamtheit zu betrachten. In der letzten Übung hast du dich mit deinem kompletten Rollengefüge beschäftigt. Nun betrachte deine gesamte Lebenslinie. Du liest die Hintergründe persönlicher Prägungen, Glaubenssätze und übernommener Handlungsmuster aus der eigenen Geschichte heraus. Du erkennst Faktoren, die die eigene Resilienz fördern oder hemmen, und stärkst dein Selbstvertrauen. Und du machst dir bewusst, auf welchem eigenen Erfahrungsschatz du stehst. Dieser lässt sich gut für deine jetzige Lebenssituation nutzen.

Im Laufe unseres gesamten Lebens sammeln wir Erlebnisse, die das Bild unseres Selbst ausmachen. Erfahrungen, die wir in frühen Kindertagen machen, prägen besonders, da sie ungefiltert in unser Zellsystem wandern. Im Kontext Krise geht es nun um dein ganz persönliches Erfahrungswissen – um deine Erlebnisse im Zusammenhang mit der Bewältigung von Herausforderungen und Schwierigkeiten. Wobei es nicht ausschlaggebend ist, was du erlebt hast, sondern welche Schlüsse du daraus gezogen hast und in welcher Form deine Verarbeitung stattfand.

Die Kernkompetenz eines resilienten Menschen ist, aus wenig viel zu machen. Eine Gesamtbetrachtung kann den Blick sehr wohltuend öffnen, da sie Ereignisse ins Bewusstsein holt, die sich weit zurückgeschoben haben. In Krisenzeiten bewegen wir uns wie in einer dunklen Schlucht. Wir sehen kaum nach vorn – und auch kaum zurück. Deshalb ist es so hilfreich, sich aus einer weiten Perspektive einen Überblick zu verschaffen und nach einer Lösung Ausschau zu halten. Resilienz bedeutet, dass wir lernen, widrigen Umständen nicht auszuweichen, sondern mit ihnen umzugehen – uns immer wieder Wege zu kreieren, die uns erlauben, in ein stimmigeres und entspannteres Leben zu finden.

Auffallend ist, dass wir Menschen oft vergessen, auf welchem gewaltigen Fundament wir stehen: auf unserer Lebensschatztruhe, gefüllt mit unseren reichen Erfahrungen, gewachsener Reife und Weisheit.

Die Methode der Biografielinie hilft auf sehr strukturierte Art und Weise, die eigene Lebensgeschichte zu betrachten und dabei sozusagen schwarz auf weiß einzusammeln, was uns auszeichnet. Nur in der Gesamtschau unseres Lebens kommt auch unsere gesamte Kraft zutage.

## Durchführung

**SCHRITT 1:** Zunächst sammelst du die Erlebnisse, die du in deiner Entwicklung als besonders förderlich oder einschränkend erlebt hast. Lege dabei deinen Fokus auf prägnante Herausforderungen. Wenn du dir dazu ein wenig Zeit lässt, können tief vergrabene Erinnerungen auftauchen.

..........................................................................................................

..........................................................................................................

..........................................................................................................

..........................................................................................................

..........................................................................................................

..........................................................................................................

..........................................................................................................

..........................................................................................................

..........................................................................................................

..........................................................................................................

Anschließend überträgst du deine Hauptlebensthemen auf grüne beziehungsweise rote Moderationskarten und beschriftest diese mit einigen prägnanten Wörtern. Die roten Karten stehen für schwierige Themen, die Grünen für deine Ressourcen.

**SCHRITT 2:** Nimm nun ein langes Seil und lege damit dein gesamtes Leben aus, mit allen Höhen und Tiefen, die deine persönliche Lebensgeschichte ausmachen. Mithilfe des Seils kannst du bildhaft die Ausschläge nach oben und unten darstellen.

**SCHRITT 3:** Lege die Moderationskarten in zeitlicher Abfolge der Ereignisse in die Lebenslinie hinein. Hier ins Logbuch kannst du dir dein Ergebnis skizzieren.

**SCHRITT 4:** Sobald das Schaubild liegt, trete einen Schritt zurück und betrachte deine Lebenslinie als Ganzes. Lasse deine Erlebnisse insgesamt auf dich wirken. Stelle dir die folgenden Fragen und halte das Ergebnis in Stichworten fest.

Was hat dich in deinem Leben geprägt?

........................................................................................................

........................................................................................................

........................................................................................................

........................................................................................................

Welche Fühl-, Denk- und Handlungsmuster kannst du von diesen Erfahrungen ableiten?

........................................................................................................

........................................................................................................

........................................................................................................

........................................................................................................

Zeigen sich Wiederholungen und auch Zusammenhänge?

........................................................................................................

........................................................................................................

........................................................................................................

........................................................................................................

Passt dein früheres Verhalten zu den Bedingungen von heute?

..........................................................................................................

..........................................................................................................

..........................................................................................................

..........................................................................................................

..........................................................................................................

..........................................................................................................

**SCHRITT 5:** Gehe nun Schritt für Schritt deine Lebenslinie durch. Stelle dich dabei auf einzelne, dir wesentlich erscheinende Ereignisse und spüre in dich hinein, welche Wirkungen diese Erfahrungen in dir auslösen. Nimm deine Eindrücke mit deinem Körper, Verstand, Gefühl und deiner Seele wahr. Frage dich anschließend:

Welche dieser Prägungen unterstützen und stabilisieren mich heute?

..........................................................................................................

..........................................................................................................

..........................................................................................................

..........................................................................................................

..........................................................................................................

..........................................................................................................

..........................................................................................................

..........................................................................................................

Welche Prägungen schränken mich heute ein und blockieren mich?

........................................................................................................................

........................................................................................................................

........................................................................................................................

........................................................................................................................

........................................................................................................................

........................................................................................................................

........................................................................................................................

........................................................................................................................

**SCHRITT 6:** Lasse zum Schluss die Vielzahl der Erlebnisse bewusst auf dich wirken. Treffe Entscheidungen, wie es weitergehen soll.

Welche Vision trägst du in dir?

........................................................................................................................

........................................................................................................................

........................................................................................................................

........................................................................................................................

........................................................................................................................

........................................................................................................................

........................................................................................................................

Wohin soll sich dein Leben entwickeln und was kannst du selbst dafür tun?

........................................................................................................................

........................................................................................................................

........................................................................................................................

........................................................................................................................

........................................................................................................................

........................................................................................................................

........................................................................................................................

........................................................................................................................

Lege fest, welche Ressourcen, Fähigkeiten und Talente du aus der großen Schatztruhe deines Lebens aktiv nutzen willst. Mache dir klar, was du schon alles gemeistert hast und auf welchem Erfahrungsschatz du stehst. Nutze dein Selbstvertrauen für deine jetzige Lebenssituation!

........................................................................................................................

........................................................................................................................

........................................................................................................................

........................................................................................................................

........................................................................................................................

........................................................................................................................

........................................................................................................................

Vertiefung

## Grundbedürfnisse kennen und erfüllen

Zufriedenheit, Gelassenheit und Entspannung – um dies zu erleben, ist es wichtig, die eigenen Bedürfnisse zu kennen. Grundbedürfnisse verbinden uns Menschen. Viele Studien belegen, dass jeder Mensch die gleichen biologischen Grundbedürfnisse hat – egal, wie alt er ist. Wir alle brauchen Bindung und Zugehörigkeit, suchen Kontrolle und Orientierung – benötigen Selbstbestimmung, um unseren Selbstwert wahrnehmen und schützen zu können. Wir brauchen Liebe, Berührung, Verbundenheit und Vertrauen. Jede Form der Beziehung und Kommunikation ist von diesen Bedürfnissen geprägt. Werden sie in der kindlichen Entwicklung unzureichend genährt, leiden Selbstregulierung, Identität und Selbstachtung in dem Maß, in dem die Fähigkeit zur Befriedigung der Grundbedürfnisse nicht reifen kann. Statt einer erfüllten Lebensweise entwickeln wir Überlebensstrategien, die unsere Erfahrungen in der Gegenwart verzerren und Fragmentierung und Entfremdung bewirken. Als erwachsener Mensch funktionieren wir dann häufig nur. Unsere eigenen Bedürfnisse nehmen wir dabei kaum noch wahr – der feine Spürsinn für uns selbst, diese Stimmigkeit und Richtigkeit in der Verbindung zu uns, ist verloren gegangen. Wir geraten in eine chronische innere Not. Und diese mündet in negative Identifikationen, Glaubenssätze und Urteile im Hinblick auf uns selbst – besonders dann, wenn der Selbstwert in Zeiten der Krise und bei Traumatisierungen fragil ist.

Laurence Heller beschreibt in seinem Buch »Entwicklungstrauma heilen. Alte Überlebensstrategien lösen – Selbstregulierung und Beziehungsfähigkeit stärken« (2012) eine hervorragende Arbeitsmethode, um Traumatisierungen zu heilen. Dabei zeigt er differenziert die Verhaltensstrategien auf, die wir uns bisher angeeignet haben, um unsere innere Not selbst zu bewältigen. Das Großartige ist jedoch, dass wir diesen Kreislauf der inneren Not verwandeln können, indem wir ihn in einen Kreislauf der inneren Heilung transformieren. Mithilfe achtsamer Bewusstwerdung und Integrationsarbeit von NARM (s. S. 59) können wir die verlorene Verbindung zu unseren Bedürfnissen wieder zurückgewinnen. Identitätsverzerrungen, wie geringes Selbstwertgefühl, Scham und chronische Selbstverurteilung, können sich auflösen. Beziehungsfähigkeit und

gesunde Ausdrucksformen unserer Lebendigkeit und Lebenslust wachsen. Unsere Grundbedürfnisse können nachreifen, sodass sich nicht länger das Gefühl einstellt, Opfer der eigenen Geschichte zu sein. Und auch die Abhängigkeit davon, wie andere Menschen mit uns umgehen, das Warten darauf, dass uns das Gegenüber aufmerksam und fürsorglich begegnet, kann sich lösen. Wichtig sind Interesse am Thema und Freude an innerer Arbeit, denn sie sind der Schlüssel für eine neue Lebensqualität. An dieser Stelle werden wir frei. Dafür ist es zunächst grundlegend, sich die Spirale der inneren Not und auch die eigenen Verhaltensstrategien immer wieder genau bewusst zu machen: An welchem Punkt beginne ich, resigniert oder frustriert zu reagieren? Wann ziehe ich mich zurück in mein Schneckenhaus? Wann verliere ich immer mehr den Kontakt zu meinem Grundbedürfnis? Wann verliere ich auch die Verbindung nach außen zum anderen? Wo kann ich offen und ehrlich sprechen und wo bewege ich mich hinter einer Schutzmauer oder zeige eher eine Maske von mir? Alle diese Reaktionen sind menschlich – jeder hat mit ihnen zu tun. Es gilt, sich sehr genau wahrzunehmen: Wann weiche ich aus? Wann kompensiere ich? Oder auch: Wo bleibe ich nah an meinen eigenen Gefühlen und Wahrnehmungen? Wo erlaube ich mir selbst, diese klar nach außen zu kommunizieren? Je öfter ich mir selbst treu bleibe und mir eine neue Erfahrung ermögliche, umso mehr weicht die Selbstablehnung. Ich fühle mich lebendiger und vertraue zunehmend darauf, dass ich alles in mir habe, um mich in die Lage zu versetzen, mir meine Bedürfnisse selbst zu erfüllen.
Durch diese zunehmende Fähigkeit wachsen auch der Selbstwert und die Freude, spielerisch mit allen diesen Erfahrungen und Erkenntnissen umzugehen, sich andere Rollen zu wählen, sowie neue Möglichkeiten aufzubauen, mit schwierigen Situationen umzugehen. Die Achtsamkeit für sich selbst und auch für andere wächst. Wichtig ist, sich von Rückschlägen nicht abschütteln zu lassen. Das neue Erleben der eigenen Person benötigt Zeit und zudem Beharrlichkeit. Genauso, wie sich das Leben durch Höhen und Tiefen bewegt, wandert auch der Entwicklungsweg nach oben, manchmal aber auch wieder ein Stück nach unten. Es gehört dazu, in immer tiefere Schichten zu dringen, in denen sich Verletzungen und alte Traumatisierungen verbergen. Zeitweise geht es über Wochen sehr gut – wie bereits befreit von alten Lasten. Und dann kommt plötzlich ein Rückschlag. Alles fühlt sich noch viel schrecklicher an als zuvor. Lassen Sie sich nicht beirren! In diesen Momenten öffnet sich

nur eine weitere, tiefere Schicht und eine alte »Empfindungsblase« tritt nach oben. Wenn möglich, bedanken Sie sich bei diesen Momenten, denn auf einer tieferen Ebenen löst sich gerade eine alte Verletzung oder Verspannung. Nun kann sie endlich richtig heilen.
Innere Arbeit kann anstrengend und mühsam sein. Dennoch ist sie ein sehr kraftvoller Schlüssel, um sich selbst immer freier, fröhlicher und lebendiger wahrzunehmen. Achten Sie liebevoll auf sich – erfüllen Sie täglich möglichst viele Ihrer wahren Bedürfnisse!

## Kreislauf der inneren Not

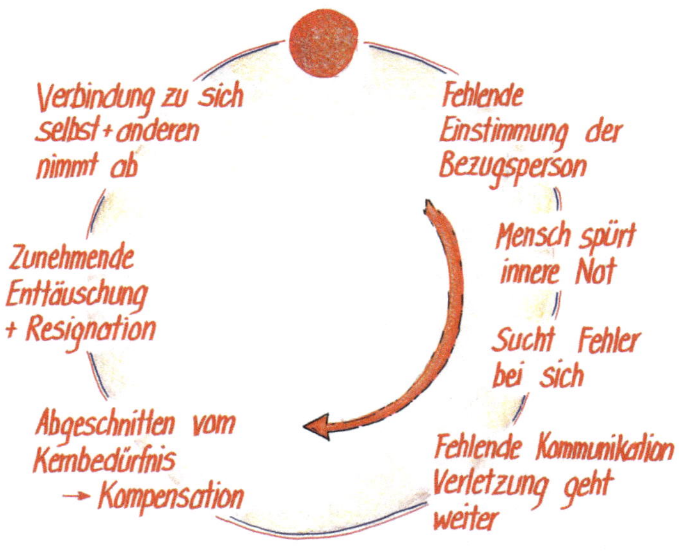


Nach: NARM

# Kreislauf der inneren Heilung

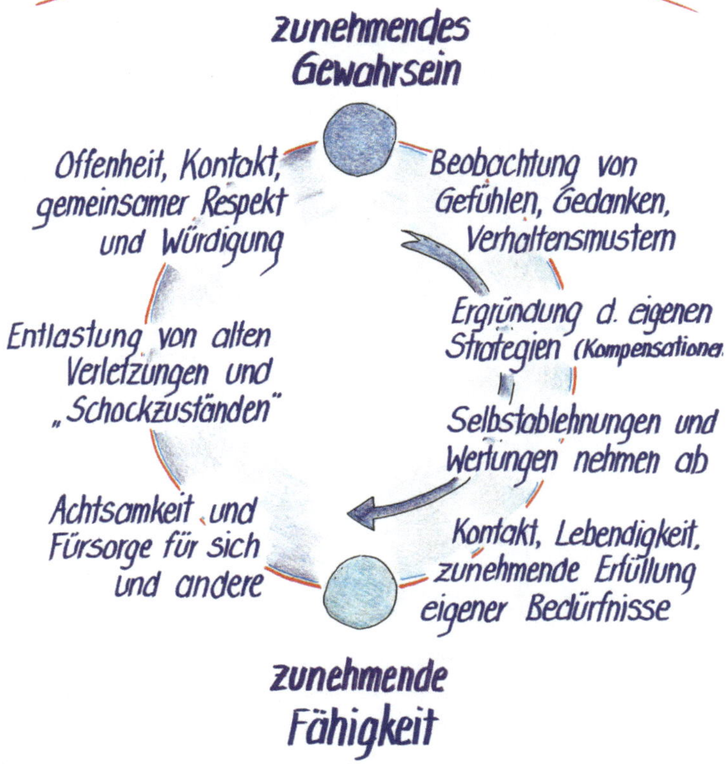


Nach: NARM

Anmerkung: Das Neuroaffektive Beziehungsmodell »NARM« ist ein psychotherapeutischer Ansatz, der sich an den Ressourcen orientiert. Das Verfahren betont Stärken, Fähigkeiten und Resilienz. Es setzt an der Regulierung des Nervensystems an.

## HERZ-Fragen

**HALTUNG:** Wie geht es dir, wenn du diese Übung durchläufst? Machen sich Erinnerungen bemerkbar, die dich möglicherweise unruhig machen oder die dich irritieren? Verspürst du vielleicht Ungeduld, da du noch häufig in gleiche Mechanismen hineinfällst? Bemerkst du, dass du dich selbst oder andere abwertest? Oder bist du begeistert davon, was du bereits in deinem Leben alles verändert hast? Kannst du schon offen und interessiert auf neue Lebensinhalte zugehen? Welche Erkenntnisse möchtest du festhalten?

..............................................................................................................

..............................................................................................................

..............................................................................................................

..............................................................................................................

..............................................................................................................

**EMPATHIE:** Welche Verletzungen melden sich? Denke dabei an die Grundbedürfnisse – an den Kreislauf der inneren Not. Wie oft musstest du etwas hinunterschlucken? Wann reagierst du mit Kompensation? Gleichzeitig wirst du sicher entdecken, wie weit du schon auf deinem Heilungsweg bist und über wie viel Lebensfreude und Lebensqualität du bereits verfügst.

..............................................................................................................

..............................................................................................................

..............................................................................................................

..............................................................................................................

..............................................................................................................

**RESSOURCE:** Wie kannst du dir selbst Rückenwind geben – gerade jetzt in einer unruhigen Phase deines Lebens, in dem sich vieles neu sortiert?

...

...

...

...

...

...

**ZEUGE:** Schreite gedanklich einige Jahre oder Jahrzehnte voran und blicke zurück: Wie würdest du dein Leben beschreiben, wenn es zu Ende ginge? Was möchtest du alles erlebt und ausprobiert haben? Welche Potenziale haben sich in dir noch mehr entfaltet? Gibt es Abenteuer, die du wagen möchtest? Wo möchtest du offener und freudiger auf andere Menschen zugehen? Und auch auf dich selbst? Wie soll sich deine kostbare Lebenszeit anfühlen und wie kannst du dein Ziel – dein neues Leben – erreichen? Gehe Schritt für Schritt in diese neue Welt hinein!

...

...

...

...

...

...

...

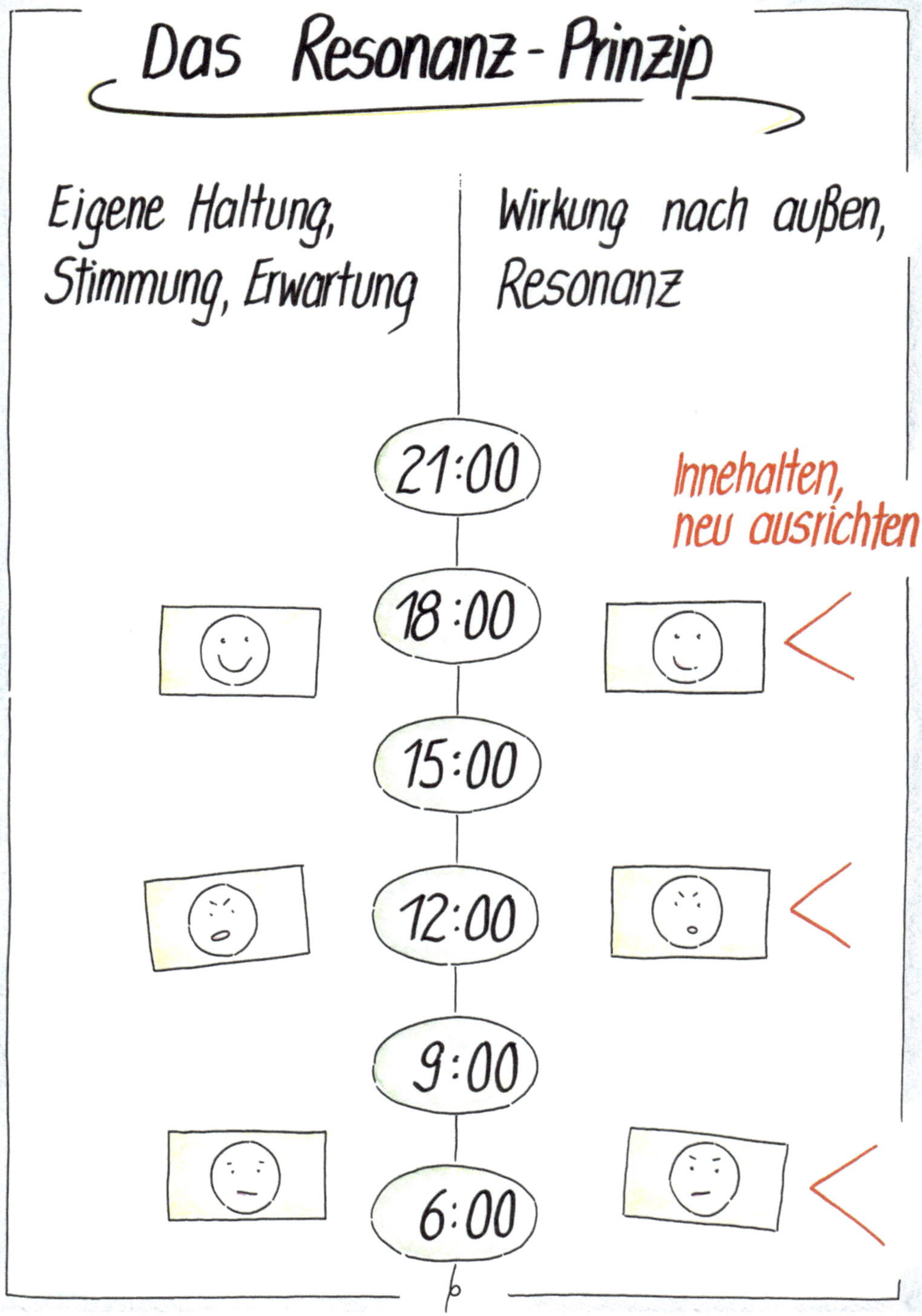

Das Resonanz-Prinzip
Eigene Haltung, Stimmung, Erwartung
Wirkung nach außen, Resonanz
21:00
Innehalten, neu ausrichten
18:00
15:00
12:00
9:00
6:00

## Stufe 4: Das Resonanzprinzip

**ZIELE UND NUTZEN:** In dieser Übung geht es um eine Zusammenfassung der bisherigen Übungen und die direkte Umsetzung deiner Erkenntnisse in den Alltag. Wie wohl du dich fühlst und wie leistungsfähig du während des Tages bist, hat viel damit zu tun, wie du deinen Tag gestaltest und in die Hand nimmst.
Während du in der letzten Übung mithilfe eines Seils dein gesamtes Leben betrachtet hast, schaust du dir jetzt nur den Ablauf eines Tages an – diesen jedoch ganz genau. Zum einen betrachtest du deine täglichen Abläufe und Angewohnheiten, zum anderen überprüfst du, mit welcher Einstellung du durch den Tag gehst. Deshalb heißt diese Übung: »Das Resonanzprinzip«. Wie wirkt sich deine Ausstrahlung auf deine Umgebung aus und wie antwortet sie dir? Es geht darum, die eigene Selbststeuerung und Selbstwirksamkeit differenziert zu betrachten.
Unser Tag beginnt meist schon am Vorabend. Wie ich ins Bett und durch die Nacht komme, wirkt sich darauf aus, mit welcher Stimmung ich am nächsten Morgen aufwache. Und nun beginnt eine Reise der aufmerksamen Fürsorge. Mit allen unseren Gefühlen, Gedanken und Verhaltensweisen werfen wir sozusagen ständig einen Stein in einen See, der daraufhin Ringe auf der Wasseroberfläche bildet. Diese Wellen wandern nicht nur nach außen, sondern sie kommen auch wieder zurück. Übertragen heißt das, wir müssen ständig mit den Auswirkungen unserer Ausstrahlung leben. Es liegt in unserer Verantwortung, mit welcher Resonanz wir in den Tag gehen, welche Stimmung wir zunächst in uns selbst und dann in anderen auslösen, und was als Antwort direkt wieder zu uns zurückkommt. Letztendlich ist es ein ständiges Gespräch zwischen innen und außen – im besten Fall bewusst gesteuert. In der Realität läuft es jedoch oft automatisch und unreflektiert ab.
Im Laufe eines Tages produzieren wir 40 000 bis 60 000 Gedanken. Jeder Gedanke lenkt unser Leben in die Richtung, in welche sich unsere Aufmerksamkeit richtet. Wie viel Macht und Kraft liegt darin, möglichst viele dieser Gedankenimpulse in eine lösungsorientierte Richtung zu lenken! Dabei geht es nicht um ein oberflächliches Schönreden von negativen Umständen. Resilienz bedeutet, Widrigkeiten anzuschauen, sie realistisch zu analysieren und auch die Schwierigkeiten deutlich zu benennen. Nur dann können wir konstruktiv, flexibel und kraftvoll mit anspruchsvollen Situationen umgehen.
Dabei sollten wir uns wiederum nicht zu lang mit einer Problematik beschäftigen, denn das verbindet uns eher mit dem Problem, anstatt unseren Blick auf die Lösung zu werfen. Manchmal fällt es jedoch schwer, den Blick tatsächlich auf

das Positive zu richten und wieder Hoffnung und Optimismus zu finden. Es gibt Personen, deren Perspektive stark verhaftet ist mit Schwierigkeiten, die uns alle ständig umgeben: das Wetter, der Verkehrsstau oder der nervige Sitznachbar in der S-Bahn. In diesem Moment nutzt es wenig, einen Appellsatz an diese Person zu richten: »Mache dir das Leben doch nicht so schwer!« Die Betrachtungsweisen dieser Menschen sind meist nur das Symptom eines tieferliegenden Lebensgefühls. Niemand setzt sich freiwillig eine kummervolle, resignierte oder misstrauische Brille auf. Die Erkenntnis, dass wir möglicherweise selbst gefärbte Brillengläser tragen, kann ernüchternd oder erschreckend sein. Sie kann jedoch ein Aufruf sein, unseren Lebensrucksack ernst zu nehmen, ihn Stück für Stück auszupacken und aufzuarbeiten. Nur dann kommen wir aus der Tiefe heraus in eine andere Resonanz – in eine andere Schwingung –, mit der wir uns selbst, andere Menschen und alle Inhalte berühren, mit denen wir täglich verbunden sind.
Stelle dir vor, wie sich dein Tag anfühlen soll – selbst unter schwierigen Bedingungen. Und traue dir zu, dass du dieses Lebensgefühl auch erreichen kannst. Nutze die Systematik der HBT-Methode, um die Ursache-Wirkungs-Ketten von Ereignissen genau aufzuschlüsseln. Entdecke, welche Handlungsmöglichkeiten du hast, um auf kleine und große Lebenssituationen direkt einzuwirken. Fülle diese Spielräume mit deiner ganzen Kraft und Kreativität. Achte auf dich und deinen Tagesablauf!

## Durchführung

**SCHRITT 1:** Lege dir mit einem Seil eine Zeitschiene, die deinen Tagesablauf symbolisiert. Mit Moderationskarten markierst du nun einzelne Tagesabschnitte: Den Morgen, den Vormittag, die Mittagspause, den Nachmittag, den Übergang in den Abend, ...

**SCHRITT 2:** Durchwandere nun diese Zeitschiene und überprüfe mit deinem ganzen System – Körper, Herz, Verstand und Seele – welchen Eindruck du von deinen bisherigen Verhaltensweisen erhältst. Wie erlebst du deinen Tag? Achte besonders auf deine Stimmungen, Befindlichkeiten und Gedanken. Schreibe deine Eindrücke auf Moderationskarten und positioniere diese links neben den entsprechenden Tagesabschnitten.

Halte dazu nun deine Ergebnisse fest. Zeichne die Zeitschiene und schreibe dir in Stichworten auf, was du herausgefunden hast.

Stufe 4

**SCHRITT 3:** Trete von deiner ausgelegten Zeitschiene und den Moderationskarten einen Schritt zurück. Frage dich offen und ehrlich: Wie wirken meine Haltung und Stimmung auf mich und auch auf andere? Unterstützt sie mich in meinem Selbstwert, meiner Gesundheit, meiner Beziehungsfähigkeit und meinem Kommunikationsverhalten?

..........................................................................................

..........................................................................................

..........................................................................................

..........................................................................................

..........................................................................................

..........................................................................................

**SCHRITT 4:** Anschließend studierst du möglichst klar Ursache und Wirkung. Gehe dabei in deine Selbstverantwortung. Mit diesem Blickpunkt zeigt sich dir ein enormer Handlungsspielraum, etwas zu verändern.

Welche Reaktionen erzeugst du in deinem Umfeld?

..........................................................................................

..........................................................................................

..........................................................................................

..........................................................................................

..........................................................................................

..........................................................................................

Was bewirkst du durch deine Stimmungen, durch deinen Ausdruck, deine Körpersprache?

..........................................................................................................

..........................................................................................................

..........................................................................................................

..........................................................................................................

..........................................................................................................

**SCHRITT 5:** Nach differenzierter Betrachtung des Ist-Zustands wechselst du in die Soll- oder Wunschperspektive. Mit dieser kreierst du dir einen Tagesablauf, der gemessen an deinen Aufgaben und Herausforderungen realistisch umsetzbar wäre, nun aber für deine persönliche Entwicklung einen unterstützenden Rahmen bildet. Was dir bisher gut gelungen ist, das verstärkst du. Und was möchtest du klar verändern, um dich in eine andere Grundhaltung versetzen zu können? Aus dieser umfassenden Betrachtung heraus leitest du nun ganz konkrete Maßnahmen zur Umgestaltung deines Tagesablaufs ab. Die konsequente Umsetzung ist dein Einstieg in eine bewusstere und kraftvollere Selbststeuerung.

..........................................................................................................

..........................................................................................................

..........................................................................................................

..........................................................................................................

..........................................................................................................

..........................................................................................................

..........................................................................................................

Probiere deinen neuen Tagesablauf aus. Überprüfe die Wirkung, und wenn sie dir guttut, wiederhole es. Werde immer feiner und kreativer in der Gestaltung deines Tages. All das, was du entdeckst und in die Umsetzung bringst, wird nicht nur dir selbst dienlich sein, sondern auch deiner Familie, deinen Freunden oder auch deinen Berufskollegen.

Auf was kannst du noch achten?

..................................................

..................................................

..................................................

..................................................

..................................................

..................................................

..................................................

..................................................

..................................................

..................................................

..................................................



Natürlich ist es eine hohe Kunst, die eigene Sonne auch in einer schwierigen Lebenssituation täglich neu zum Strahlen zu bringen. Dabei hilft es dir enorm, wenn du dir im Alltag selbst viele Oasen schaffst, in denen du Wärme, Licht und Liebe erfährst. Nutze den äußeren Umbruch für einen bewusst gestalteten inneren Aufbruch. Es ist dein Tag!

Vertiefung

## Das Resonanzprinzip annehmen und achten

Ich möchte dich zu einem Gedankenexperiment einladen. Alles, was dir im Laufe eines Tages passiert, hat direkt mit dir selbst zu tun. Es gibt das bekannte Sprichwort: »So, wie ich in den Wald hineinrufe, so schallt es zurück.« Ja, wir rufen täglich, jeden Moment, in diese Welt hinaus: mit unseren Gefühlen, Gedanken, Verhaltensweisen und unserer inneren Haltung. Ob es uns bewusst ist oder nicht. Und die Welt ruft zurück – gibt uns eine Antwort. Sie bezieht sich auf das, was wir hinausgeben, aber genauso bezieht sie sich auf das, was wir sein lassen. So ist es hochspannend zu hinterfragen, inwieweit wir mit dem Ausdruck unseres gesamten Wesens alle Situationen und Begegnungen um uns herum anstupsen. Wie oft versuchen wir, unsere Verantwortung nach außen abzugeben. Statt bei uns selbst zu bleiben, versuchen wir, den anderen ändern zu wollen, indem wir einen Schuldigen finden und Fehler oder Defizite auf andere projizieren. Gerade dann, wenn Beziehungen sich schwierig gestalten und wir uns nicht wirklich gesehen fühlen, neigen wir zur Betrachtung, der andere sei schuld daran. Wenn er sich nur ein klein wenig anders verhalten würde, wäre das Leben um ein Vielfaches einfacher. Umso ärgerlicher und enttäuschter wir sind, wenn sich nichts bewegt, und umso schwieriger ist es, in der Betrachtung klar zu bleiben.

Emotionen vernebeln häufig den offenen und wertfreien Blick. In diesen Momenten hilft die Erinnerung daran, dass es keinen Schuldigen gibt. Oft geschehen Dinge aus einer unendlichen Verkettung verschiedener Situationen und Einflussfaktoren. Sind wir Teil dieser komplexen Gemengelage, haben wir auch einen gewissen Anteil daran. Und um diesen Anteil kümmern wir uns, indem wir ihn genau betrachten und uns jeden Tag neu überlegen, was wir selbst einbringen können, um diesen Tag gelingen zu lassen und uns wohlzufühlen.

Nehmen wir das Resonanzprinzip an – verinnerlichen wir und achten wir es – führt es uns wie von selbst zur Persönlichkeitsentwicklung. Wir kommen nicht umhin, uns immer wieder die Frage zu stellen, wie wir uns selbst immer feiner, stimmiger und aufrichtiger ausrichten und uns in unserem beruflichen und privaten Alltag einbringen können. Das Leben selbst zeigt uns stets, ob wir auf der richtigen Spur sind.

Nehme dir am Ende eines Tages etwas Zeit und reflektiere, was dir alles widerfahren und begegnet ist. Und überlege dabei auch regelmäßig, was du damit zu tun haben könntest.

Erlebst du dich lediglich als Opfer der Umstände, dann hast du auch keine Chance oder Kraft, etwas zu ändern. Als Opfer liegst du sozusagen am Boden. Möchtest du dich jedoch frei in deinem Leben fühlen, dann sei ehrlich mit dir selbst.

Das ganze Leben ist ein Experimentierfeld. Wie schön und aufregend, wenn wir uns in den sogenannten Fehlern erleben! Wichtig ist nur, dass wir nicht zum Wiederholungstäter werden, sondern dass wir aus einer Sache, die uns noch nicht gelungen ist, so viel wie möglich lernen. Oft profitieren wir am meisten genau dort, wo unser gesamtes Selbstbild durcheinandergerät. Dort, wo wir unsicher sind, irritiert, und auch Ohnmacht erleben. Aber genau auf diesem unsicheren Terrain zeigt sich die größte Chance, weiter zu wachsen. Also fasse Mut und schaue genau hin. Richte dich anders aus und sammle neue Erfahrungen. Lerne. Der Philosoph Lucius Seneca sagte: »Wir verändern die Welt, indem wir uns verändern.«

Wie kannst du dich selbst darin unterstützen, klar und präsent bei dir selbst zu bleiben?

.............................................................................................................

.............................................................................................................

.............................................................................................................

.............................................................................................................

.............................................................................................................

.............................................................................................................

.............................................................................................................

Welche Gesprächspartner helfen dir dabei, blinde Flecken in deinen eingefahrenen Projektionsmustern zu entdecken?

Stufe 4

## HERZ-Fragen

**HALTUNG:** Bist du in der Lage, sooft wie möglich in deiner Selbstverantwortung zu bleiben? Was bedeutet für dich der Satz: Ich arbeite an mir selbst und nicht am anderen? Wann gelingt es dir einfach und wann kommst du ins Schleudern?

........................................................................................................

........................................................................................................

........................................................................................................

........................................................................................................

........................................................................................................

........................................................................................................

........................................................................................................

........................................................................................................

........................................................................................................

........................................................................................................

........................................................................................................

........................................................................................................

........................................................................................................

........................................................................................................

........................................................................................................

........................................................................................................

**EMPATHIE:** Komm dir selbst auf die Schliche: Wo gehst du mit dir selbst zu mitleidig um? Wo gerätst du immer wieder in Gesprächsspiralen, die dich nach unten ziehen? Sei an dieser Stelle lieb und gütig mit dir. Verurteile dich nicht, sondern achte besonders auf deine Grundbedürfnisse: Was brauchst du? Was sollte sich erfüllen, damit du aus unguten Stimmungen herauskommen kannst?

..............................................................................................................

..............................................................................................................

..............................................................................................................

..............................................................................................................

..............................................................................................................

..............................................................................................................

..............................................................................................................

..............................................................................................................

..............................................................................................................

..............................................................................................................

..............................................................................................................

..............................................................................................................

..............................................................................................................

..............................................................................................................

..............................................................................................................

**RESSOURCE:** Auf was kannst du zurückgreifen, um wieder in eine bessere Stimmung zu kommen? Wie schaffst du es, deine Gefühle und Gedanken zu ändern, um eine klare, positive Haltung zu erreichen? Welchen Impuls kannst du dir von innen oder von außen setzen, um immer wieder eigene Schwingungsmuster zu unterbrechen und zu verwandeln?

**ZEUGE:** Wo lohnt es sich, Zeit und Kraft zu investieren? Welche kleinen und großen Veränderungen im Laufe deines Tages haben tatsächlich eine gute Wirkung auf dich? Untersuche genau, womit du innerhalb kurzer Zeit einen großen Hebel entwickeln kannst.

........................................................................................................

........................................................................................................

........................................................................................................

........................................................................................................

........................................................................................................

........................................................................................................

........................................................................................................

........................................................................................................

........................................................................................................

........................................................................................................

........................................................................................................

........................................................................................................

........................................................................................................

........................................................................................................

........................................................................................................

........................................................................................................

# Bewusste Beziehungsgestaltung

Der Beziehungsgarten
Ich
++
+
– +
– –

## Stufe 5: Der Beziehungsgarten

**ZIELE UND NUTZEN:** In dieser Übung nimmst du dein gesamtes soziales Geflecht unter die Lupe, untersuchst Inhalte und Qualitäten der einzelnen Beziehungen und überlegst dir Maßnahmen, wie du dein Beziehungsnetzwerk weiterentwickeln kannst. Durch die Gesamtschau überprüfst du zudem dein persönliches Verhalten im Hinblick auf bestimmte Rollenpräferenzen.

Beziehung ist Leben. Jeder Mensch baut sich im Laufe seines Lebens ein soziales Netzwerk auf. Es speist sich aus der Familie, aus Freunden und Bekannten sowie aus beruflichen Kontakten. In krisenhaften Zeiten merken wir ganz besonders, ob dieses soziale Netz tatsächlich trägt oder ob es Löcher hat – und ob wir es auch tatsächlich für uns zu nutzen wissen. Damit stellen sich die grundlegenden Fragen: »Habe ich soziale Ressourcen, um mir, wenn nötig, Unterstützung zu holen?«, »Ist das Thema Geben und Nehmen in meinen Beziehungen ausgewogen?«, »Ist mein Netzwerk generell dafür geeignet, meine Grundbedürfnisse zu erfüllen?«

Keine Beziehung gleicht der anderen. Alle wollen auf ihre Weise gehegt und gepflegt werden – wie die verschiedenen Pflanzentypen in einem Garten. Genauso, wie Sie regelmäßig durch Ihren Garten streifen würden, um zu mähen, zu gießen oder Unkraut zu jäten, in der gleichen Natürlichkeit sollten Sie Ihren Beziehungsgarten immer wieder mal durchforsten. Gerade eine Krise offenbart viel von unserem sozialen Netzwerk. Läuft das Leben nicht mehr rund, fallen wir aus dem alltäglichen Funktionieren heraus. Beziehungen bekommen einen anderen Stellenwert und eine andere Bedeutung für uns – unser Beziehungsnetzwerk zeigt sich nun in einem anderen Licht.

Hier braucht es Mut, auch wirklich hinzuschauen. Da sich in herausfordernden Zeiten unsere Grundbedürfnisse teilweise verstärken, bemerken wir jetzt ganz besonders, wie andere Menschen mit uns und unseren Bedürfnissen umgehen. Eine Studie von Emmy Werner besagt, dass es nur einen Menschen an der Seite braucht, der an uns glaubt und uns den Rücken stärkt, um eine Krise gut durchwandern zu können. Lernen wir, die Beziehungen, die uns wirklich guttun und nähren, immer sensibler wahrzunehmen, werden diese Erfahrungen unseren gesamten weiteren Lebensweg stabilisieren.

Traue dich, dein Beziehungsgeflecht bewusst zu gestalten – stecke deinen inneren Gartenzaun weiter nach außen, um ein größeres, erfüllteres Bild von deinem eigenen Garten anzulegen.

## Durchführung

**SCHRITT 1:** Liste zunächst nun alle wichtigen Menschen oder Personengruppen auf, mit denen du in Verbindung stehst und die einen direkten Einfluss auf dein Wohlbefinden haben.

..........................................................................................

..........................................................................................

..........................................................................................

..........................................................................................

..........................................................................................

..........................................................................................

**SCHRITT 2:** Finde für diese Personen intuitiv und spielerisch die passenden Wörter oder Symbole.

..........................................................................................

..........................................................................................

..........................................................................................

..........................................................................................

..........................................................................................

..........................................................................................

..........................................................................................

..........................................................................................

**SCHRITT 3:** Nun erstelle ein Schaubild nach deiner gefühlten Beziehungsqualität. Verwende am besten dafür Farbstifte. Du kannst das Ganze auf einem DIN-A3-Blatt aufzeichnen und hier im Logbuch das Ergebnis festhalten. Platziere dich in der Mitte mithilfe eines Wortes oder Symbols. Dann positionierst du die anderen Personen um dich herum. Auch für die Qualität der einzelnen Beziehungen findest du passende Symbole oder prägnante Wörter. Visualisiere, wie nahe sie dir stehen, ob dich die einzelnen Begegnungen belasten, unter Stress setzen und verärgern oder, ob dich diese erfreuen, entlasten und motivieren.

**SCHRITT 4:** Betrachte jetzt deine verschiedenen Beziehungsrollen. Kristallisiere dabei deine Rollenpräferenzen heraus:

Welches persönliche Verhalten und welche innere Haltung nimmst du innerhalb dieses Beziehungsnetzes immer wieder ein?

..............................................................................................................

..............................................................................................................

..............................................................................................................

..............................................................................................................

..............................................................................................................

..............................................................................................................

..............................................................................................................

Wie groß sind Wertschätzung und Aufmerksamkeit der einzelnen Beteiligten in deinem Beziehungsgarten?

..............................................................................................................

..............................................................................................................

..............................................................................................................

..............................................................................................................

..............................................................................................................

..............................................................................................................

..............................................................................................................

In welchen Begegnungen fühlst du dich größer oder kleiner?

...........................................................................................................

...........................................................................................................

...........................................................................................................

...........................................................................................................

...........................................................................................................

...........................................................................................................

...........................................................................................................

Welche Muster und Prägungen vollziehen sich in deinem Austausch?

...........................................................................................................

...........................................................................................................

...........................................................................................................

...........................................................................................................

...........................................................................................................

...........................................................................................................

...........................................................................................................

...........................................................................................................

...........................................................................................................

Welche Triggerpunkte erwischt der andere immer wieder bei dir?

........................................................................................................

........................................................................................................

........................................................................................................

........................................................................................................

........................................................................................................

........................................................................................................

Je genauer du dich mit einem Menschen beschäftigst, umso mehr Facetten und auch Möglichkeiten der Beziehungsgestaltung zeigen sich dir.
Sobald du dein Schaubild fertiggestellt hast, kannst du dir die Darstellung wie einen Spiegel vor Augen halten und auf dich wirken lassen. Betrachte die Beziehungen im Überblick und nimm dabei auch die feinen Impulse des Körpers, der Gefühle, des Verstands und der Seele wahr.

**SCHRITT 5:** Fasse nun die gewonnenen Eindrücke und Erkenntnisse deines jetzigen Zustands zusammen.

........................................................................................................

........................................................................................................

........................................................................................................

........................................................................................................

........................................................................................................

........................................................................................................

Spüre anschließend noch einmal in dich hinein und mache dir ein Bild davon, in welchem sozialen Geflecht du zukünftig leben willst:

Von welchen Stimmungen möchtest du umgeben sein?

..............................................................................................................

..............................................................................................................

..............................................................................................................

..............................................................................................................

..............................................................................................................

..............................................................................................................

..............................................................................................................

Wie möchtest du dich aufgehoben fühlen?

..............................................................................................................

..............................................................................................................

..............................................................................................................

..............................................................................................................

..............................................................................................................

..............................................................................................................

..............................................................................................................

..............................................................................................................

In welcher Form und Intensität möchtest du Beziehungen leben?

........................................................................................................................

........................................................................................................................

........................................................................................................................

........................................................................................................................

........................................................................................................................

........................................................................................................................

........................................................................................................................

........................................................................................................................

Was erfüllt dich dabei?

........................................................................................................................

........................................................................................................................

........................................................................................................................

........................................................................................................................

........................................................................................................................

........................................................................................................................

........................................................................................................................

........................................................................................................................

Was ist dir bisher gelungen und wo merkst du, dass dir etwas fehlt?

..................................................................................................

..................................................................................................

..................................................................................................

..................................................................................................

..................................................................................................

..................................................................................................

..................................................................................................

..................................................................................................

..................................................................................................

Gib dir dabei die Freiheit, Entscheidungen zu treffen, in welche Beziehungen du mehr investieren möchtest und wo du dich zukünftig mehr zurückhalten willst – vielleicht auch deutlicher abgrenzen oder sogar zurückziehen. Übernimm Verantwortung.

Das eigene Beziehungsgeflecht mithilfe eines Schaubilds unter die Lupe zu nehmen, ist der erste Schritt. Da sich Beziehungen nur schrittweise und mit viel Geduld verändern lassen, braucht es einen langen Atem. Halte dir das Bild immer wieder vor Augen und mache dir bewusst, dass du viele Möglichkeiten besitzt, dein Leben weiterzuentwickeln. Im besten Fall finden wir genug Kraft und Aufmerksamkeit, um die Beziehungen, die uns besonders am Herzen liegen, so weiterzuentwickeln, dass sie den jeweiligen Bedürfnissen gerecht werden. Ein ausgewogenes Geben und Nehmen ist eine wunderbare Basis für die eigene Lebensqualität. Und wie schön ist es, diesen natürlichen Kreislauf mit seinen Liebsten teilen zu können!

## HERZ-Fragen

**HALTUNG:** Welche Einstellung hast du zum Thema Beziehung? Bist du ein Mensch, der gern auf andere zugeht oder bist du eher scheu und zurückhaltend? Wie begegnest du anderen Menschen? Erlaubst du dir, so zu sein, wie du bist? Oder ziehst du oft Vergleiche zu anderen Menschen? Gehe wieder ins Forschungslabor, lasse dich so, wie du bist, und betrachte dich freundschaftlich. Je freundlicher du mit dir umgehst, umso einfacher fällt es dir, deine persönlichen Kompetenzen und Potenziale in die Welt zu bringen.

..........................................................................................

..........................................................................................

..........................................................................................

..........................................................................................

..........................................................................................

..........................................................................................

..........................................................................................

..........................................................................................

..........................................................................................

..........................................................................................

..........................................................................................

..........................................................................................

..........................................................................................

..........................................................................................

**EMPATHIE:** Wie gehst du auf deine täglichen Stimmungen und deren Schwankungen ein? Wie zeigst du dich authentisch? Hast du Verständnis für dich selbst? Wie lässt du es zu, dich leicht und natürlich wie in einem Fluss zu bewegen? Schaue bitte immer freundlich auf dich selbst, schenke dir Wertschätzung. Verurteile dich nicht wegen der Dinge, die dir noch nicht gelungen sind, sondern schaue genauer hin. Es gibt meist einen Grund, warum du eine gute Erkenntnis bisher nicht umsetzen konntest.

..................................................................................................................

..................................................................................................................

..................................................................................................................

..................................................................................................................

..................................................................................................................

..................................................................................................................

..................................................................................................................

..................................................................................................................

..................................................................................................................

..................................................................................................................

..................................................................................................................

..................................................................................................................

..................................................................................................................

..................................................................................................................

..................................................................................................................

**RESSOURCEN:** In dieser freundlichen und zugewandten Stimmung, entdeckst du viel einfacher Ressourcen und Kraftquellen, um dich selbst immer wieder gut stabilisieren zu können. Gehe offen, einfühlsam und warmherzig mit dir um, dann fällt es dir auch leichter auf andere Menschen zuzugehen. Spüre wach und präsent hin: Was ist für dich gerade stimmig? – Sich zurückziehen oder auf andere zugehen? Was bedeutet für dich gute Kommunikation? Wie und wann fühlst du dich wohl mit anderen Menschen?

Stufe 5

**ZEUGE:** Die Zeugenperspektive ist im Kontext »Der Beziehungsgarten« ein wichtiger innerer Gesprächspartner. Mit welchen Menschen umgibst du dich? Hast du Freunde, die dir guttun? Hat dein Bekanntenkreis die für dich angemessene Größe? Schaust du in Beziehungen genau hin oder machst du dir manchmal etwas vor? In welchen Beziehungen kompensierst du und wo passt es einfach so, wie es ist und fühlt sich genau richtig an?

..................................................

..................................................

..................................................

..................................................

..................................................

..................................................

..................................................

..................................................

..................................................

..................................................

..................................................

..................................................

..................................................

..................................................

..................................................

Stufe 5

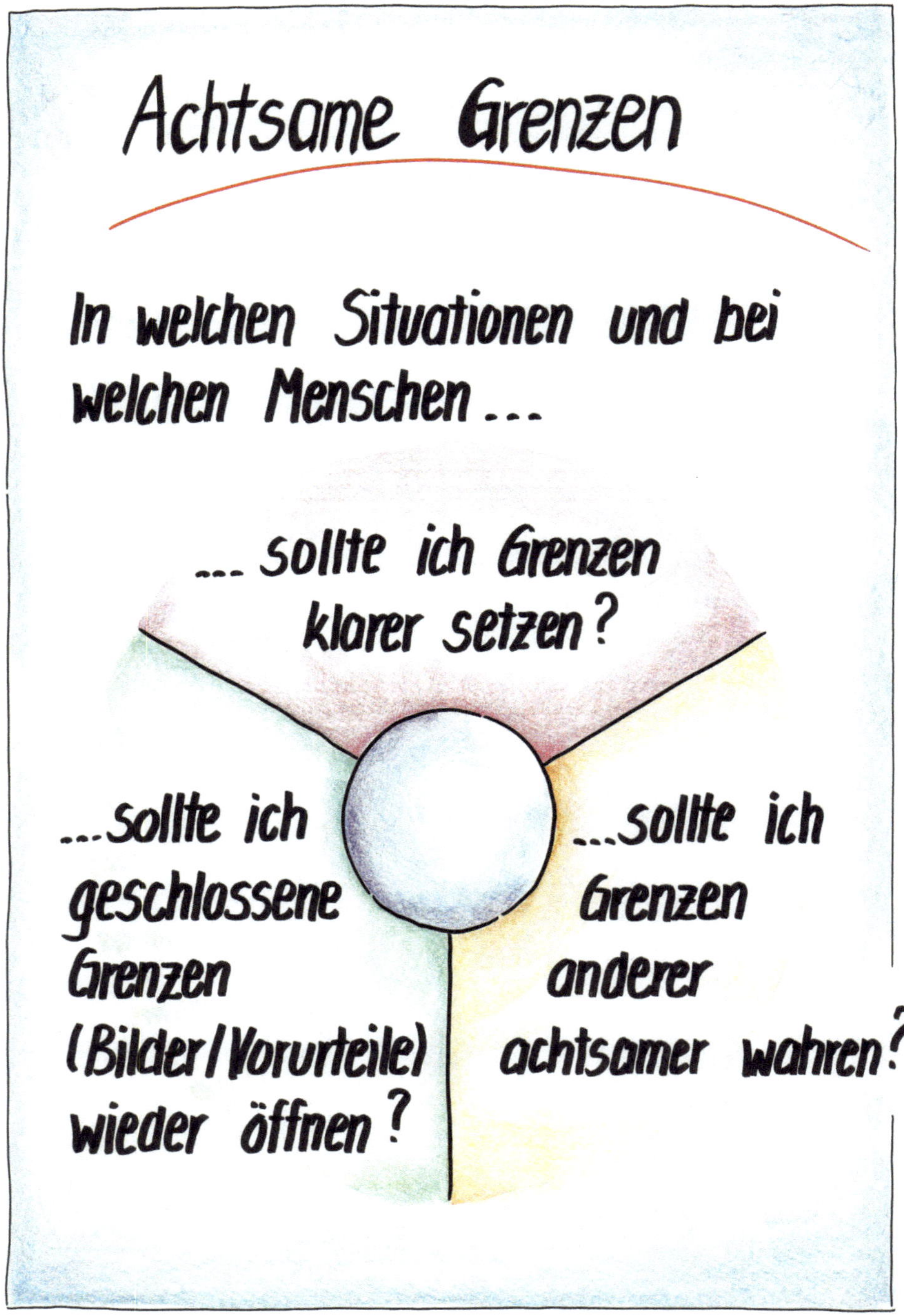
Achtsame Grenzen
In welchen Situationen und bei welchen Menschen ...
... sollte ich Grenzen klarer setzen?
... sollte ich geschlossene Grenzen (Bilder/Vorurteile) wieder öffnen?
... sollte ich Grenzen anderer achtsamer wahren?

## Stufe 6: Achtsame Grenzen

**ZIELE UND NUTZEN:** Die Übung der sechsten Stufe beschäftigt sich mit Grenzen: Grenzen, die wir setzen, aber auch solche, die wir achten und öffnen sollten, um in der Fülle der Anforderungen und Einflüsse, die von außen auf uns zukommen, bestehen zu können. Wer Grenzen achtsam und entschieden aufzeigen kann, ist am ehesten in der Lage, sich vor Überlastung zu schützen. Viele Konflikte entwickeln sich, weil die beteiligten Personen es nicht gelernt haben, ihre authentischen Gefühle und Gedanken direkt ausdrücken. Häufig trauen wir es uns selbst nicht zu, für unsere Bedürfnisse einzustehen.
Beim Thema Grenzen ist nicht das egozentrische, selbstbezogene Verhalten gemeint, sondern es geht um ein ausgewogenes, maßvolles und gesundes Selbstvertrauen. Wer mit sich selbst in Freundschaft lebt, hat eher Verständnis und Offenheit für die Anliegen anderer und achtet ihre Grenzen. Wie Grenzverläufe achtsam, klar und differenziert gesteuert werden können, wird in dieser Übung verdeutlicht.
Dazu betrachte drei Bereiche:

- deine Grenzen
- Grenzen und Bedürfnisse anderer
- geschlossene Grenzen

Die Fragen lauten also:

- In welchen Situationen und bei welchen Menschen sollte ich Grenzen klarer setzen?
- Wo sollte ich die Grenzen und Bedürfnisse anderer Menschen aufmerksamer beachten?
- Wo kann ich geschlossene Grenzen identifizieren und wieder öffnen?

## Durchführung

**SCHRITT 1:** Lege mithilfe eines Seils ein Schaubild am Boden aus. Bilde dabei drei Felder und beschrifte diese mit: »Grenzen setzen«, »Grenzen achten«, »Grenzen öffnen«.

**SCHRITT 2:** Betrete nacheinander die drei Felder und sammle Beispiele aus deinem Alltag: Was schießt dir dabei durch den Kopf? Spüre auch mit Körper, Herz und Seele genau nach, was bei dir passiert. Nun definiere Personen und Situationen und schreibe diese jeweils auf eine Moderationskarte. Lege die Karten in den jeweiligen Feldern nieder.

**SCHRITT 3:** Trete einen Schritt zurück und lasse das Ganze in Ruhe auf dich wirken. Mache dir dabei bewusst, wo es Abhängigkeiten, Verflechtungen und Verstrickungen gibt. Wie laufen bestimmte Mechanismen ab? Beziehe in diese Betrachtung auch deine Grundbedürfnisse, Verletzungen und Triggerpunkte mit ein. Gleichzeitig ist es wichtig, zu erkennen, dass wir nicht nur Opfer sind, sondern auch immer wieder als »Täter« agieren.
Vielleicht treten wir an mancher Stelle zu devot auf, an einer anderen wiederum zu dominant. Dieses Ungleichgewicht gilt es, Schritt für Schritt neu zu ordnen: Wie möchtest du durch das Leben gehen und wie möchtest du dabei das menschliche Miteinander gestalten?

Stufe 6

**SCHRITT 4:** Durchschreite nun wieder alle drei Untersuchungsfelder und überlege dir dabei, was du konkret verändern möchtest.

**SCHRITT 5:** Definiere anschließend, in welcher Form du die Thematik anpacken und in kleinen, realistischen Schritten verändern möchtest. Notiere deine Ziele und wie du diese schrittweise erreichen kannst auf Moderationskarten.

Lasse dich bei diesen Fragestellungen nicht abschütteln – schon gar nicht durch alte Muster. Bleibe dran. In deinem Inneren hast du einen präzisen Sensor für Stimmigkeit. Dieser Intuition solltest du dich nähern und anvertrauen. Probiere dich aus und steuere – wenn nötig – nach.

Zeichne auf dieser Seite das Ergebnis der Übung »Achtsame Grenzen«:

Und hier kann du dir deine Ergebnisse notieren. So kannst du immer mal wieder einen Blick darauf werfen und sie dir in Erinnerung rufen.

In welchen Situationen und bei welchen Menschen sollte ich Grenzen klarer setzen?

........................................................................................................

........................................................................................................

........................................................................................................

........................................................................................................

........................................................................................................

........................................................................................................

........................................................................................................



Wo sollte ich die Grenzen und Bedürfnisse anderer Menschen aufmerksamer beachten?

........................................................................................................

........................................................................................................

........................................................................................................

........................................................................................................

........................................................................................................

........................................................................................................

........................................................................................................

Wo kann ich geschlossene Grenzen identifizieren und wieder öffnen?

Stufe 6

Vertiefung

## Den Achtsamkeitsmuskel trainieren

Achtsamkeit – einen Moment innehalten. Die Aufmerksamkeit von äußeren Einflüssen abzuwenden und nach innen zu richten, ist der elementarste Schritt, um mit sich selbst in Kontakt zu kommen. Um unsere Gedanken, Gefühle und Empfindungen differenziert erkennen zu können, ist es wichtig, zu lernen, immer wieder das Tempo herauszunehmen. Inmitten eines heiklen Moments sollten wir uns angewöhnen, kleine Pausen einzulegen, um uns zu sammeln und unsere eigenen Wahrnehmungen und Bedürfnisse entdecken und nicht zu übergehen. Spätestens dann, wenn wir eine unserer Verhaltensweisen ändern möchten, ist eine große Portion Achtsamkeit unerlässlich.
Wer sich entscheidet, sein Leben in andere Bahnen zu lenken, stößt immer wieder auf die gleichen Fragen:

- Wie schaffe ich es, alte Verhaltensweisen abzulegen?
- Wie schaffe ich es, mich von meinen Mustern und Prägungen zu lösen, die oft schon seit Jahren oder Jahrzehnten mein Leben dominieren?

Sobald du eine Verhaltensweise identifiziert hast, die du abstellen möchtest, ist zunächst ein Verständnis dafür notwendig, zu welchem Zeitpunkt du dieses Muster installiert hast. Denn zum aktuellen Zeitpunkt sind die Problemstellungen meist gar nicht mehr vorhanden, für deren Bewältigung die installierten Verhaltensweisen einmal hilfreich waren. Daher benötigst du eine klare Strategie, um dein unbewusstes Denken, Fühlen und Handeln diszipliniert zu beobachten und transparent machen zu können. Zunächst gilt es, genau hinzuschauen:

- Welche Denk- und Verhaltensweisen schränken dich destruktiv ein?
- Wie möchtest du dich heute und zukünftig verhalten?
- Bei welchen Situationen und Menschen tappst du immer wieder in altes Fahrwasser?

Möchtest du ein tief eingeprägtes Muster loswerden, dann gilt es, die Reiz-Reaktions-Kette zu verstehen: In Bruchteilen von Sekunden trifft der Organismus die Entscheidung, wie er auf einen Reiz reagieren wird. Als Erstes bietet das System schon oft wiederholte Verhaltensmuster an, da diese im Gehirn schnell vernetzt werden. Selbst wenn wir vielfach erlebt haben, dass dieses Verhalten uns wenig Gutes bringt, folgen wir aus Gewohnheit der angebotenen Reaktion. Halten wir einen Moment inne, haben wir die Chance, das Verhaltensmuster zu erkennen. Wir entdecken eine reflexhafte Empfindungskette, die wir immer wieder ablaufen lassen.

Innehalten ist ein sehr starkes Handwerkszeug. Es schenkt uns die Möglichkeit, aus verworrenen und festgefahrenen Situationen auszusteigen und unser Verhalten Schritt für Schritt bewusst zu verändern. Allerdings verlangt diese schlichte, kleine Pause eine hohe Selbstdisziplin. Zum einen im Moment ihrer direkten Anwendung mitten im Alltag. Zum anderen aber auch in einer wohlüberlegten Tagesplanung und einer balancierten Selbststeuerung. Wer zu viele Stresshormone im Blut hat, kann nur ansatzweise achtsam reagieren. Adrenalin verengt die geistige Aufnahmefähigkeit und macht uns dünnhäutiger, aufgeregter oder auch ungehaltener. Das können wir ebenfalls bemerken und dann achtsam gegensteuern. In den einzelnen Übungen lernst du viele kleine Werkszeuge kennen, um positiv auf deine Tagesform einzuwirken. Nur, wer auf eine ausgewogene Tagesform achtet, kann seine persönliche Selbsterforschung vertiefen und aus zwanghaften Abläufen aussteigen.

Möchtest du dich von bestimmten Verhaltensweisen zunehmend entfernen, benötigst du eine gute Technik und einen Trainingsplan, an dem du systematisch dranbleibst. Nimm es sportlich! Trainiere Schritt für Schritt deinen Achtsamkeitsmuskel. Nimm dir eine bestimmte Situation deines Alltags vor, die du ganz genau untersuchen willst. Überlege dir dabei, was die Konsequenz davon wäre, wenn du das alte – mitunter durchaus bewährte – Muster erneut abspulen lassen oder wenn du dieses Mal einen neuen Weg ausprobieren würdest. Beobachte dann, wie ein bestimmter Trigger (beispielsweise eine dich kränkende Aussage) eine bestimmte Reaktion in dir auslöst. Beim nächsten Reiz trete – innerlich wach und präsent – einen Schritt zurück, atme tief durch und probiere statt der automatischen Reaktion eine bewusst gewählte Aktion aus. Die kurze Unterbrechung der Reiz-Reaktions-Kette lässt stressbedingte biochemische Vorgänge in sich zusammenfallen und schafft neurologisch Raum für eine neue Verschaltung. Studiere präzise die Resonanz der Handlungsvariation. Wenn dir die Wirkung gefällt, dann fange an zu spielen. Halte immer wieder geistig und emotional inne und treffe eine bewusste Entscheidung.

Zwischen Reiz und Reaktion liegt die Freiheit. Es klingt so einfach, ist aber ein ganz großer Schritt. Das ist Bewusstwerdung – jeden Moment bewusstes Leben.
Übe in einfachem Terrain und steigere langsam den Schwierigkeitsgrad. Beginne dein Training in Situationen, in denen du emotional nicht weggeschwemmt wirst. Freue dich an kleinen Erfolgen und schenke dir selbst Humor und Geduld.
Der Achtsamkeitsmuskel braucht unablässiges Training, damit er wachsen kann. Deine ersten Erfolge werden aber so erquicklich sein, dass du bestimmt gern immer weitermachst.

Welche Verhaltensweise möchtest du ablegen? Beschreibe sie möglichst konkret und in welchen Situationen sie auftritt.

............................................................................................................

............................................................................................................

............................................................................................................

............................................................................................................

............................................................................................................

Welche alternativen Reaktionen kannst du dir erarbeiten?

............................................................................................................

............................................................................................................

............................................................................................................

............................................................................................................

Halte fest, wann du es ausprobiert hast und was gut geklappt hat.

Datum: ......................................................................................................

Gut geklappt hat: .........................................................................................

..................................................................................................................

..................................................................................................................

..................................................................................................................

Datum: ......................................................................................................

Gut geklappt hat: .........................................................................................

..................................................................................................................

..................................................................................................................

..................................................................................................................

Datum: ......................................................................................................

Gut geklappt hat: .........................................................................................

..................................................................................................................

..................................................................................................................

..................................................................................................................

..................................................................................................................

Welche Verhaltensweise möchtest du noch verändern? Beschreibe auch sie möglichst konkret und die Situationen, in denen sie auftritt.

..........

..........

..........

..........

..........

..........

Welche alternativen Reaktionen fallen dir ein?

..........

..........

..........

..........

..........

..........

..........

..........

Halte fest, wann du es ausprobiert hast und was gut geklappt hat.

Datum: ..............................................................................................

Gut geklappt hat: ..............................................................................................

..............................................................................................

..............................................................................................

..............................................................................................

Datum: ..............................................................................................

Gut geklappt hat: ..............................................................................................

..............................................................................................

..............................................................................................

..............................................................................................

Datum: ..............................................................................................

Gut geklappt hat: ..............................................................................................

..............................................................................................

..............................................................................................

..............................................................................................

..............................................................................................

Stufe 6

## HERZ-Fragen

**HALTUNG:** Überprüfe, welche Haltung du zum Thema Grenzsetzung hast. Regst du dich über Menschen auf, die Dinge eindeutig benennen? Denkst du dir: »Der nimmt sich aber viel heraus!« Oder bewunderst du insgeheim diese Person? Achte immer wieder auf biografische Zusammenhänge: Welche Einstellungen zu diesem Thema haben dich in jungen Jahren geprägt? Bist du heute tatsächlich noch davon überzeugt oder wäre eine andere innere Haltung nun angemessener? Manchmal ist es hilfreich, sich Stärken und Schwächen bei anderen Menschen anzuschauen. Oft erkennen wir diese bei anderen viel deutlicher als bei uns selbst. Über den Spiegel können wir Dinge klarer erkennen und mit uns selbst in Entwicklung bringen.

........................................................................................................

........................................................................................................

........................................................................................................

........................................................................................................

........................................................................................................

........................................................................................................

........................................................................................................

........................................................................................................

........................................................................................................

........................................................................................................

........................................................................................................

........................................................................................................

........................................................................................................

**EMPATHIE:** An dieser Stelle benötigen wir viel Empathie und vor allen Dingen Geduld mit uns selbst, denn Lebensreife wächst in Jahrzehnten heran. Es ist ein wundervolles Entwicklungsfeld, das uns unser ganzes Leben begleiten wird. Gerade Menschen, mit denen wir eng verbunden sind, können uns manchmal in die Verzweiflung treiben. Dennoch bleiben wir ihnen in Liebe zugewandt und wir spüren, Geduld und Hingabe sind notwendig sowie vollständige Einlassung, damit wir uns miteinander weiterentwickeln können. Bleibe möglichst offen und frage dich: Was ist im Konfliktfall notwendig, um ihn gut lösen zu können?
Geht es in Gesprächen um Verständnis und Rücksicht oder um mehr Deutlichkeit und Klarheit? Durch was können sich klärende und heilsame Prozesse in Gang setzen?

**RESSOURCE:** Was kann dich unterstützen, damit ein Gespräch gelingt? Manchmal gelingt eine Situation durch den passenden Zeitpunkt und Ort, die geeignete Vorbereitung oder die richtigen Worte. Manchmal gelingt es auch nicht. Dann hilft die Unterstützung von Freunden oder von professionellen Begleitern. Bleibe an deinen wichtigen Beziehungen dran. Du wirst inneren Frieden finden, wenn du mit diesen Menschen im Reinen bist.

..........

..........

..........

..........

..........

..........

..........

..........

..........

..........

..........

..........

..........

..........

..........

**ZEUGE:** Aus der Zeugenperspektive können wir Situationen nüchterner und objektiver betrachten. Objektivität hilft, alle Parteien zu sehen und jeder Stimme im Beziehungsfeld das gleiche Gehör und die gleiche Gewichtung zu schenken. Jede Aktion und jede Reaktion eines Menschen haben einen logischen Bezug zu dessen Biografie. Nur mit Abstand können wir erkennen, welcher Reiz unsere gegenwärtigen Reaktionen auslöst. Das gibt uns die Chance, die Situation neu zu interpretieren und anders auf Personen zuzugehen.

..........................................................................................

..........................................................................................

..........................................................................................

..........................................................................................

..........................................................................................

..........................................................................................

..........................................................................................

..........................................................................................

..........................................................................................

..........................................................................................

..........................................................................................

..........................................................................................

..........................................................................................

..........................................................................................

..........................................................................................

# Klare Gespräche

**„Rot"** Ende der Fahnenstange! Angekündigte Konsequenz wird umgesetzt

Haltung

**„Orange"** Ich mache eine deutliche Ansage und zeige mögliche Konsequenzen auf

**„Mittel-Gelb"** Ich wiederhole in aller Klarheit und achte auf Verstehen

Empathie

**„Hell-Gelb"** Absprache nicht eingehalten → ich wiederhole freundlich und klar

Ressourcen

**„Grün"** Absprachen sind klar und werden eingehalten → Wertschätzung & Lob

Zeuge

# Stufe 7: Klare Gespräche

**ZIELE UND NUTZEN:** Kommunikation ist eine hohe Kunst. Um einen Gesprächsverlauf wirklich gut steuern zu können, ist viel Übung vonnöten. Aber auch, um achtsam zu werden für unsere Worte, unsere Gesten und unsere Ausstrahlung. Alles wirkt und spielt zusammen. Manchmal provozieren wir Konflikte durch Unklarheit im Gespräch. Das passiert meist, wenn wir selbst noch nicht genau wissen, worauf wir hinauswollen. Für ein tragfähiges, zuverlässiges Miteinander ist jedoch eine klare Kommunikation unerlässlich.

Mit dem leicht verständlichen Modell der Gesprächsampel lassen sich vielfältige Beziehungs- und Kommunikationssituationen untersuchen. Im Kern geht es darum, Spielregeln für eine gelungene Kommunikation zu erlernen und ins eigene Gesprächsverhalten zu integrieren. Wer die Ampel regelmäßig anwendet, wird mit der Zeit in den unterschiedlichsten Situationen klarer und wirksamer kommunizieren können.

- In diesem Modell steht Grün – wie bei einer Verkehrsampel – für freie Fahrt. Gemeinsame Anliegen und Ziele sind klar formuliert, Absprachen werden eingehalten – eine gute Basis für einen wertschätzenden Umgang.
- Wird eine Absprache nicht eingehalten, springt die Ampel in den gelben Bereich. Gelb heißt: Achtung, hier verändert sich etwas! Diese Veränderung ist klar zu benennen und es gilt konsequent dranzubleiben. Die drei Farbschattierungen Hellgelb, Mittelgelb und Dunkelgelb geben die Möglichkeit, in der Kommunikation zunehmend deutlicher zu werden, das Anliegen zu wiederholen und mögliche Konsequenzen aufzuzeigen.
- Rot steht für Stopp – es hat nicht geklappt! Nun werden alle Beteiligten durch unmissverständliche Regeln in die Pflicht genommen. Die angekündigten Konsequenzen werden umgesetzt. Und im nächsten Gespräch ist noch mehr Aufmerksamkeit und Klarheit gefragt.

## Durchführung

**SCHRITT 1:** Du kannst deine Gedanken in Schritt 2 gleich ins Logbuch hineinschreiben oder – wenn du in dich hineinspüren möchtest – auch mithilfe eines Seils und farbigen Moderationskarten eine Gesprächsampel am Boden auslegen und zunächst jede Ampelfarbe auf dich wirken lassen. Dann kannst im Anschluss daran deine Ergebnisse im Logbuch festhalten.

**SCHRITT 2:** Zunächst frage dich, wie du mit dir selbst kommunizierst. Gehe durch die verschiedenen Farbbereiche der Ampel und überprüfe, wie du dich im Selbstgespräch verhältst:

Grün steht für Anerkennung und Wertschätzung: Wie oft am Tag richtest du an dich selbst ein positives Wort? Kannst du gütig mit dir umgehen? Wie machst du das?

..........

..........

..........

..........

Hellgelb: Deine Stimmung sinkt, nimmst du dieses achtsam und wohlwollend zur Kenntnis? Wie gelingt es dir, mit kleinen Verhaltensänderungen zum Wohlgefühl zurückkehren?

..........

..........

..........

..........

Mittelgelb: Wie gehst du mit dir um, wenn deine Stimmung noch schlechter wird? Wirst du ärgerlich und streng? Oder bleibst du freundlich und konsequent in der Aussage? Wie läuft es bei dir normalerweise ab?

..................................................................................................................

..................................................................................................................

..................................................................................................................

..................................................................................................................

Orange: Wenn die Stimmung eskaliert, tauchen dann wütende, aggressive und selbstbestrafende Sätze in dir auf? Oder richtest du in aller Freundlichkeit eine konkrete Ansage an dich? Welche Sätze verwendest du?

..................................................................................................................

..................................................................................................................

..................................................................................................................

..................................................................................................................

Rot: Stell dir vor, du könntest dein Verhalten nicht ändern. Machst du dich daraufhin selbst nieder? Oder hältst du dir freundlich und bestimmt eine rote Kelle vor die Nase: »So nicht!«

..................................................................................................................

..................................................................................................................

..................................................................................................................

..................................................................................................................

Wendest du alle Farben der Ampel ausgewogen und situationsgerecht an, oder präferierst du bestimmte Töne? Wie setzt du dir selbst eine Grenze, um dich nicht zu übernehmen.

..................................................................................................

..................................................................................................

..................................................................................................

..................................................................................................

..................................................................................................

..................................................................................................

..................................................................................................



**SCHRITT 3:** Nun überprüfe mithilfe der Gesprächsampel deine Kommunikation mit anderen Menschen.

- **Grün:** Bei welchen Menschen solltest du deine Freude und Wertschätzung aktiver zum Ausdruck bringen?
- **Drei Gelbtöne:** In welchen Situationen solltest du klarer und eindeutiger auftreten und dich unmissverständlich lesbar machen?
- **Rot:** Wo gilt es deutliche Konsequenzen aufzuzeigen, um deinen Worten auch Taten folgen zu lassen … Und was erscheint dir als angemessene Grenzsetzung? Sei dir selbst gegenüber ehrlich und notiere direkt deine Erkenntnisse.

Grün

..................................................................................................

..................................................................................................

..................................................................................................

Hellgelb

..........

..........

..........

Mittelgelb

..........

..........

..........

Orange

..........

..........

..........

Rot

..........

..........

..........

Stufe 7

Sobald du die wirksamen Möglichkeiten der zunehmend klareren und deutlicheren Kommunikation mit dir selbst entdeckt hast, kannst du das Ampelmodell auch in komplexen Situationen mit anderen Menschen anwenden – in der Familie, in einem Team oder in einer Organisation. Das Modell kann herausfordernden Situationen eine neue Ausrichtung geben.
Mitunter geraten wir mit unseren Gefühlen, Gedanken und Gesprächen aber in eine Sackgasse. Alles wird zu turbulent, aufgeregt und verletzend. Wir sind sozusagen im Rot der Ampel gefangen und wissen nicht mehr weiter. Dann trete heraus. Gehe an die frische Luft. Suche die Stille. Und in der Stille das Gespräch zum Leben – zur Schöpferkraft. Lausche deiner inneren Weisheit, deinem Herzen, deiner Fähigkeit zur Versöhnung. Lehne dich innerlich an den großen Baum der Schöpfung. Und hole dir Mut, Kraft, und Geduld aus dem unendlichen Reservoir, das uns alle umgibt. Es nährt und schützt uns.



Vertiefung

## Konflikte aktiv angehen

Konflikte sind im ersten Moment unangenehm und können sehr bedrohlich wirken. Wir haben meist nicht ausreichend gelernt, gut mit ihnen umzugehen. Gleichzeitig sind sie eine große Chance. Sie rütteln uns wach, bringen uns an unsere Grenzen und rufen uns auf, genauer hinzuschauen.
Um unsere Gefühle und Verhaltensweisen in Konfliktsituationen besser durchleuchten zu können, brauchen wir ein wenig Verständnis für unsere frühe Entwicklung. Babys und Kleinkinder drücken ihre authentischen Bedürfnisse unmittelbar aus – auch ihren Unmut darüber, wenn sie nicht erfüllt werden. Sie sind noch ganz eng mit ihren tiefen Emotionen verbunden. Wenn ein Erwachsener liebevoll das Bedürfnis stillt, löst sich die Spannung und Not des Kleinkinds auf, sodass es schnell wieder in die eigene Ruhe und Gelassenheit zurückfinden kann. Wenn es aber in seiner Spannung bleibt, dann wird aus der Erregung Aggression. Ein Kind zeigt, was es benötigt. Es hat einen natürlichen Impuls in sich, für sein Bedürfnis zu sorgen, eine Bedrohung abzuwehren oder sich einer unangenehmen Situation zu entziehen.

Mit der Zeit sollte ein Kind lernen, mit seinen Aggressionen umzugehen und sie seinem Alter entsprechend zu regulieren. Im besten Fall wird es dabei in seiner eigenen Integrität belassen. So lernt es, sein Bedürfnis zu spüren und gleichzeitig Geduld und Vertrauen zu haben, dass sich sein Anliegen erfüllen wird.

Viele von uns haben aber diesen aufmerksamen Umgang mit den elementaren Bedürfnissen nicht erlebt. Kindererziehung in Familien, Kindergärten und Schulen wurde früher anders verstanden. Der authentische und direkte Ausdruck von Bedürfnissen hatte oftmals keinen Platz. So haben wir sehr früh gelernt, unsere natürlichen Impulse, Ängste und Irritationen zu unterdrücken und zu verdrängen. Jede vergrabene Wunde – sei sie noch so klein – bindet Energie. Alles, was wir herunterschlucken, lagert sich in unserem Organismus ab und schafft subtile Druckstellen, die psychische und physische Wirkung zeigen. Was wir verdrängen, bedrängt uns von innen. Aggression ist pure Lebensenergie. Menschen, die Ärger und Kummer in ihrem Herzen verschließen, binden wichtige Lebenskraft, die ihnen an anderer Stelle fehlt. Manche Personen wirken seltsam verstockt oder verhärtet, als würden sie mit angezogener Handbremse fahren. Meistens kauen sie noch an alten Geschichten. Oft ist ihre Verhärtung gekoppelt mit Angst, Wut und Verzweiflung – vor allem mit Selbstzweifel. Frustration und Resignation ist die Folge.

Je stärker wir unsere Individualität verleugnen, umso schmerzhafter kann sich das Leben anfühlen. Irgendwann vertragen wir diesen Schmerz nicht mehr und spalten ihn ab. Das ist ein Mechanismus, den der Körper sofort abrufen kann. Dieser Reflex hilft, zu überleben und stärkste Erschütterungen – auch Schock und Trauma – zu überstehen. Leider können wir das, was wir abspalten, nicht mehr spüren und somit nicht mehr verarbeiten. Heilungsimpulse und angenehme Berührungen von außen erreichen uns nicht.

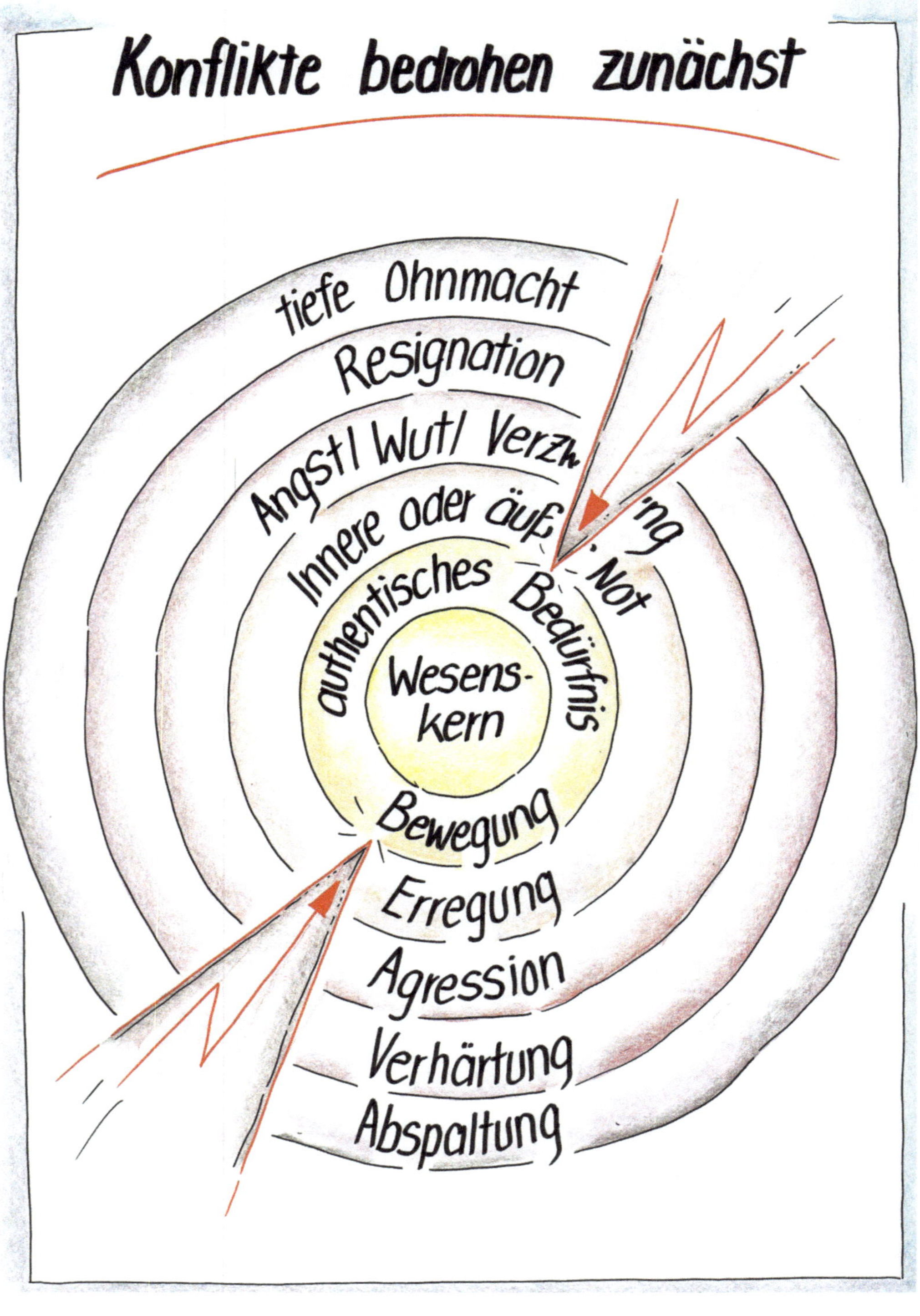

Konflikte bedrohen zunächst
tiefe Ohnmacht
Resignation
Angst/ Wut/ Verzw ng
Innere oder äuß Not
authentisches Bedürfnis
Wesens-
kern
Bewegung
Erregung
Agression
Verhärtung
Abspaltung

Unser körperliches und psychisches System ist komplex aufgebaut. Jede unserer Überlebensstrategien ist vielfach raffiniert abgesichert. So ist es schwierig, an diese Mechanismen heranzukommen. Ein Konflikt, der uns tief berührt, kann dann zur großen Chance werden! Wenn ein Mensch uns regelrecht auf die Palme bringt, dann durchbricht dieser Moment unsere Schutzmauern – er berührt unser Innerstes. Unsere erste Reaktion darauf ist Ablehnung und Vermeidung. Warum? Wir werden unbewusst an einen alten Schmerz erinnert. Wir dramatisieren die gegenwärtige Situation, da so vieles in uns gleichzeitig in Schwingung gerät. Unbewusst fangen wir an, zu projizieren, da wir nicht unterscheiden können, dass der Auslöser für unsere Gefühle nicht dessen wahre Ursache ist. Diese finden wir in der Vergangenheit.

Genau für diese Momente benötigen wir das Training unseres Achtsamkeitsmuskels: innehalten, den inneren Zeugen aktivieren und gelassen bleiben, um ein Gegengewicht für die emotionale Erregung aufzubauen.

Auf der einen Seite spüren wir unsere Verletzung, die sich mit heutigen Erlebnissen und alten Erfahrungen mischt. Auf der anderen Seite steht unser klarer, ruhiger, nüchterner Beobachter. Eine große Chance, uralte Muster, Prägungen und Blockaden zu erkennen und nun ganz anders zu beantworten.

Stell dir vor, du kannst als reifer Erwachsener dieses verletzte Kind in dir in den Arm oder auf den Schoß nehmen, ihm Ruhe und Zeit schenken und ihm fürsorglich zuhören. Frage es:

- Was ist dir widerfahren?
- Was hast du früher verdrängen müssen?
- Was kannst du dir heute durch dieses innere Gespräch bewusst machen und dadurch auflösen?

Weiche deinen Konflikten nicht mehr aus. Nutze deine innere Kraft und Reife, auf deine Verletzungen aktiv zuzugehen. Und sie schrittweise zu verstehen, aufzulösen und zu überwinden. Resilienz inkludiert per se eine hohe emotionale Intelligenz, die Verstrickungen elegant zu lösen vermag.

## HERZ-Fragen

**HALTUNG:** Werde konkret: Wie möchtest du deine Grundhaltung in Gesprächen verändern? Wie viel Verantwortung übernimmst du, damit sich deine Kommunikationssituationen positiver gestalten können? Wie wach und präsent bist du in Gesprächen? Wie aufmerksam bleibst du am Ball, wenn du bemerkst, dass bei dir selbst oder auch beim anderen etwas verrutscht? Triff aus der Perspektive deiner Grundhaltung eine Entscheidung, an die du dich jeden Tag erinnerst – selbst, wenn es dich viel Kraft und Geduld kostet. Bleibe dran.

**EMPATHIE:** Spüre klar und aufmerksam immer wieder in dich hinein, wo genau die tiefere Wahrheit hinter deiner Aufregung liegt. Worum geht es wirklich? Was berührt dich gerade in diesem Moment? Wer ist der eigentliche Empfänger für deine Botschaft? Bist du es selbst? Ist es ein Mensch aus der Gegenwart oder aus der Vergangenheit? Studiere die Dynamik deiner Emotionen und lasse dich dabei auch nicht aufs Glatteis führen. Achte in Gesprächssituationen stets darauf, was du gerade brauchst und was du tun kannst, wenn dir eine Situation entgleitet.

......................................................................................................

......................................................................................................

......................................................................................................

......................................................................................................

......................................................................................................

......................................................................................................

......................................................................................................

......................................................................................................

......................................................................................................

......................................................................................................

......................................................................................................

......................................................................................................

......................................................................................................

......................................................................................................

......................................................................................................

**RESSOURCE:** Denke an deine Ressourcen, wenn du einen Konflikt spürst. Womit kannst du den Moment noch irgendwie auffangen? Schenke dir bitte große Wertschätzung, wenn du Situationen nicht wie gewohnt eskalieren lässt, sondern erste Veränderungen erreichst. Kommunikationsmuster zu ändern, ist richtig anspruchsvoll. Klopfe dir auf die Schulter, wenn die ersten Erfolge sichtbar werden.

..................................................................................................................................

..................................................................................................................................

..................................................................................................................................

..................................................................................................................................

..................................................................................................................................

..................................................................................................................................

..................................................................................................................................

..................................................................................................................................

..................................................................................................................................

..................................................................................................................................

..................................................................................................................................

..................................................................................................................................

..................................................................................................................................

..................................................................................................................................

..................................................................................................................................

..................................................................................................................................

**ZEUGE:** Der Zeuge rät dir, viele Erinnerungsanker auszuwerfen. Das bedeutet: Hänge die Ampel an Plätzen auf, an denen du oft vorbeikommst. Nutze dieses Modell für dich selbst, deine Familienangehörige, deine Freunde oder auch im Beruf. Im besten Fall ziehst du jeden Abend ein persönliches Resümee. Gehe unterschiedliche Gesprächssituationen durch. Analysiere, wie du und andere sich verhalten haben. Und lerne daraus, um Fehler oder alte Muster nicht unnötig oft zu wiederholen. Schaue genau hin, in welchem Farbbereich der Ampel du kommunizierst hast – und ob du dabei angemessen warst. Lerne, dich frei in diesem Farbenspiel zu bewegen. Habe Freude dabei. Spiele!

..........................................................................................

..........................................................................................

..........................................................................................

..........................................................................................

..........................................................................................

..........................................................................................

..........................................................................................

..........................................................................................

..........................................................................................

..........................................................................................

..........................................................................................

..........................................................................................

..........................................................................................

..........................................................................................

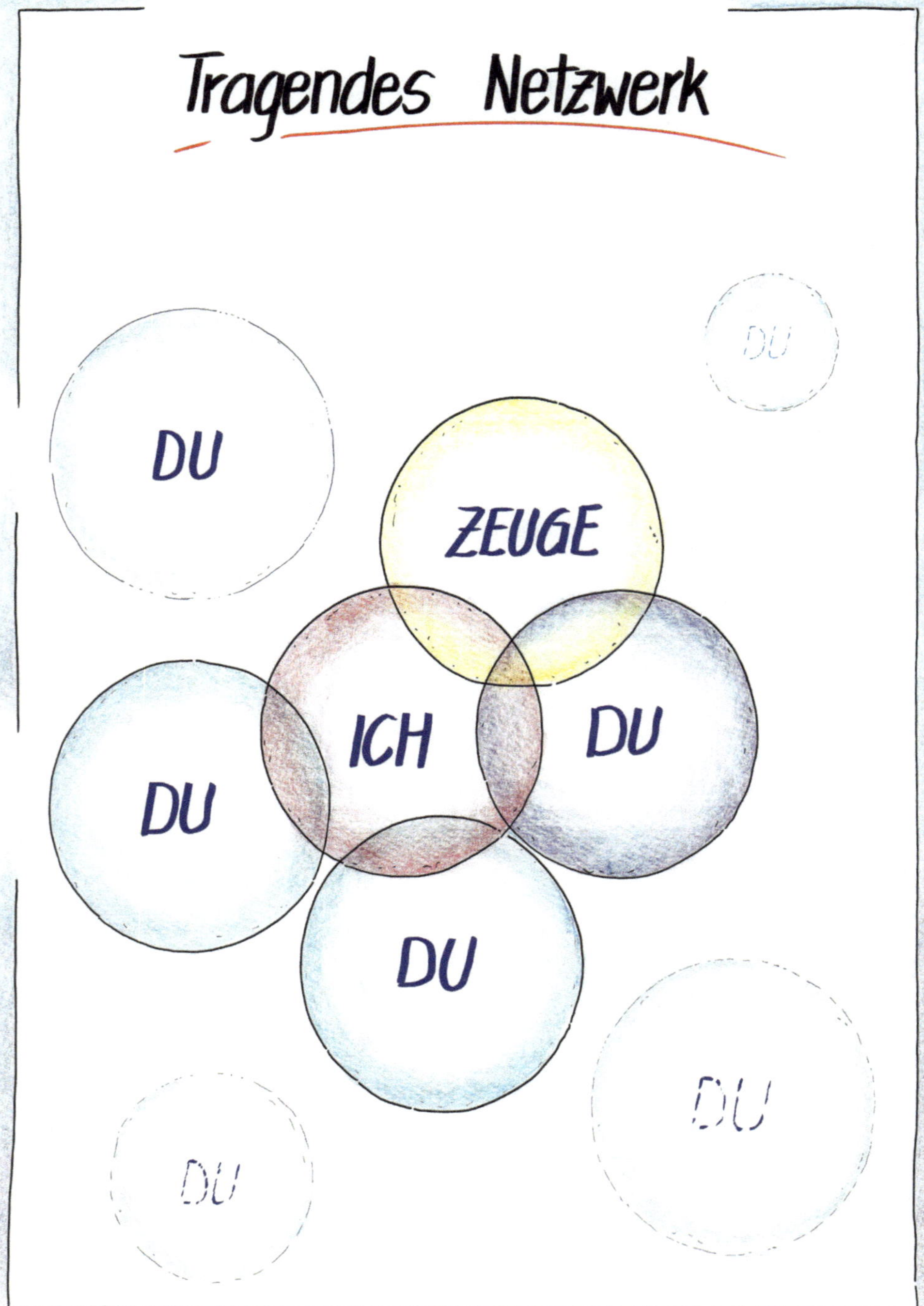
Tragendes Netzwerk
DU
DU
ZEUGE
ICH
DU
DU
DU
DU
DU

## Stufe 8: Tragendes Netzwerk

**ZIELE UND NUTZEN:** Als soziale Wesen sind wir Menschen in viele Netze eingebunden: Ob in der Familie, im Freundeskreis, im Job oder im Verein – überall führen wir Beziehungen mit anderen. Manche Beziehungen beruhen auf blindem Vertrauen und großem Verständnis füreinander. Bei anderen Beziehungen stimmt die »Chemie« einfach nicht.

Unter dem Aspekt der Resilienz ist eine aktive und bewusste Beziehungsgestaltung sehr wichtig. So ist das Ziel der achten Stufe, Beziehungen – in der es bewusst oder unbewusst zu Spannungen kommt – in ihrer individuellen Dynamik aufschlüsseln und achtsamer zu gestalten. Dabei erschließt du dir zudem den Umgang mit Menschen, die dir zwar nahestehen und von denen du dich nicht lösen magst, die jedoch in der gegenwärtigen Situation wie Energieräuber in deinem Netzwerk wirken. Und du nutzt das Wissen, dass Kommunikation zu 90 Prozent über Körperhaltung, Mimik, Gestik und Wortwahl und nur zu einem geringen Teil über die inhaltliche Ebene wirkt. Ein gelungener Austausch, bei dem sich alle Beteiligten verstanden fühlen und gleichzeitig andere verstanden haben, ist eine große Kunst, die als lebenslanges Übungsfeld dient.

Im Kern der Übung geht es darum, einen Perspektivenwechsel vorzunehmen. Indem du dich aufmerksam in dein Gegenüber hineinversetzt, lernst du zu verstehen, wie du selbst auf diese Person wirkst und welche Reaktionen du in ihr auslöst. Beherrschst du die Technik des einfühlsamen Hineinversetzens, kannst du unabhängig von der Anwesenheit oder Gesprächsbereitschaft eines anderen, Beziehungen im privaten wie im beruflichen Kontext vielschichtig hinterfragen. Trägst du persönliche Interessen und Anliegen in ein Gespräch, macht es einen großen Unterschied, wenn du nicht nur dich selbst wahrnimmst, sondern auch mit echter Beteiligung bei der anderen Person bist. Setze die Übung möglichst präventiv ein, sobald du erkennst, dass heikle Gespräche anstehen oder Beziehungen in Schieflage geraten.

Spannungsreiche Beziehungen binden Energie und schwächen von innen – wir kennen es alle aus eigener Erfahrung. Das gilt es zu vermeiden. Damit sich dein Potenzial frei und kraftvoll entfalten kann, benötigst du die Kompetenz, gerade in heiklen Situationen souverän zu agieren.

Die Perspektive einer anderen Person einzunehmen verringert atmosphärische Störungen zwischen den Beteiligten, ermöglicht positive Schwingungen und unterstützt so die Bildung starker Beziehungsbänder. Gleichwohl ist es eine menschliche Geste, Beziehungen kostbar zu gestalten, dass wir uns Momente schenken, in denen wir uns mit Respekt, Verständnis und Güte begegnen. Letztendlich üben wir mit schwierigen Personen eine Grundhaltung ein. In vielen Fällen ist der andere gar kein Gegner. Oft sitzt er in einem ähnlichen Boot, hat ebenfalls viel Druck oder muss sich in seinen Aufgaben beweisen. Achten wir also immer wieder darauf, in unserer Freundlichkeit zu bleiben. Versuchen wir, einen verständnisvollen Blick für den anderen zu finden.

Offene Kommunikation heißt, achtsam bei mir zu sein und aus einer inneren Haltung – gepaart mit innerem Wert – einem anderen Menschen zu begegnen. Gleich, wer da vor mir steht.

Wo Menschen sind, da menschelt es. Daran gibt es nichts zu verurteilen. Begegnen wir spannungsreichen Beziehungen doch lieber mit Wertschätzung, Humor und Dankbarkeit für das, was vorhanden ist. Der Blick auf die Defizite ist zwar wichtig, um Dinge klarstellen zu können, die Lösung öffnet sich jedoch erst dann, wenn wir auf das Potenzial einer Beziehung schauen – und uns genau darauf einlassen. Eine konfliktreiche Beziehung tatsächlich in eine Versöhnung zu bringen, ist ein unglaublicher Katalysator für die persönliche Entwicklung. Mitunter gelingt keine Befriedung, sondern nur Schadensbegrenzung. Aber das kann gleichermaßen ein großer und sehr erfüllender Schritt sein.

Lasse dich von kniffligen Beziehungsgeflechten nicht ins Bockshorn jagen – und schon gar nicht abschütteln. Resigniere und erstarre nicht, denn erstarrte Gefühle sind eckig und kantig. In deinem Inneren stößt du dich selbst daran. Im Grunde genommen ist es Selbstliebe, wenn du Versöhnung suchst. Denn jeder gelöste Konflikt entlastet dein Selbstempfinden enorm. Traue dir zu, Beziehungen bewusst zu gestalten und in eine neue Form zu bringen – in ein tragendes Netzwerk. Diese Übung ist ein fantastisches Forschungslabor dafür.

## Durchführung

Für die Übung benötigst du drei Moderationskarten als Bodenanker – stellvertretend für die Perspektiven: »Ich« (du selbst), »Du« (die andere Person) und »Zeuge« (neutraler Dritter).

**SCHRITT 1:** Wähle als Beispiel eine derzeit in deinem Leben angespannte Beziehungssituation aus. Spüre die Beziehungsqualität und positioniere die drei Moderationskarten so im Raum, wie du es für stimmig hältst. Der Abstand und die Zugewandtheit der Karten verdeutlichen bildhaft die gefühlte Nähe oder die Distanz zwischen den Personen.

**SCHRITT 2:** Stelle dich zunächst auf die »Ich-Karte« und untersuche deine eigene Perspektive. Welche Gedanken, Gefühle und körperlichen Reaktionen nimmst du in der Beziehung wahr? Hinterfrage in Ruhe Emotionen wie Wut und Resignation, um tieferliegenden Gefühlen die Möglichkeit zum Ausdruck zu geben. Je klarer du deine eigenen Gefühle und Gedanken in der speziellen Situation untersuchst, umso eher kannst du die Verhaltensmuster und Projektionen assoziieren, die das Gegenüber mit seinem Verhalten bei dir auslöst.

Welche Erfahrungen hast du gemacht?

........................................................................................................

........................................................................................................

........................................................................................................

........................................................................................................

........................................................................................................

........................................................................................................

........................................................................................................

........................................................................................................

**SCHRITT 3:** Wechsle nun auf die »Du-Karte« und versuche, dieses Lebensgefühl zu erfassen. Dazu schlüpfst du in die Situation der anderen Person hinein und überlegst dir: Wie geht es ihr gerade? Wie viel Selbstvertrauen besitzt sie? Wie voll ist ihr Energiefass? Welchen Belastungen hat sie standzuhalten, welche Bedürfnisse muss sie erfüllen?

Beschreibe die Qualität der gemeinsamen Beziehung aus den Augen deines Gegenübers. Du erforschst dadurch, wie du auf den anderen wirkst und was du in ihm auslöst. Achte auf unterschwellige Signale, es geht also nicht nur um das gesprochene Wort, sondern im Besonderen auch um Ausstrahlung, Mimik, Gestik: Was empfindet er, wenn ich auf ihn zugehe? Gebe ich ihm das, was ich mir auch von ihm wünschen würde? Reize ich ihn an bestimmten Punkten?



..................................................................................................

..................................................................................................

..................................................................................................

..................................................................................................

..................................................................................................

..................................................................................................

..................................................................................................

..................................................................................................

..................................................................................................

..................................................................................................

..................................................................................................

..................................................................................................

..................................................................................................

**SCHRITT 4:** Betrachte die Situation nun aus der Zeugenposition – dem Blickwinkel eines Außenstehenden. So kannst du die Zusammenhänge der verstrickten Situation möglicherweise viel klarer erkennen und das Resonanzverhalten beider Personen aufschlüsseln: In welchen Momenten geht ihr ruhig miteinander um? Wann kommen Emotionen mit ins Spiel? Wann erreicht der Gesprächsverlauf eine Dynamik, der du dich nicht mehr entziehen kannst? Aus der Sicht des Zeugen frage dich, welche Möglichkeiten es gibt, auf diese schwierige Konstellation einen positiven Einfluss zu nehmen.

........................................................................................................

........................................................................................................

........................................................................................................

........................................................................................................

........................................................................................................



**SCHRITT 5:** Abschließend stellst du dich noch einmal auf deine eigene Moderationskarte. Spüre in dich hinein, was du in den drei Perspektiven wahrgenommen hast. Was empfindest du jetzt? Überlege, was du an deinem Verhalten oder deiner Einstellung ändern kannst. Möchtest du es? Und wenn ja, mit welchen Schritten? Was kann dich dabei hilfreich unterstützen?

........................................................................................................

........................................................................................................

........................................................................................................

........................................................................................................

........................................................................................................

........................................................................................................

Zusätzliche, wertvolle Erkenntnisse, verschafft dir die Übung, wenn du sie mit weiteren an der Situation beteiligten Personen durchspielst. Lege stellvertretend für diese Menschen weitere Moderationskarten als Bodenanker aus. Möglicherweise findest du es befremdlich, sich so facettenreich in andere Menschen hineinzuversetzen. Doch damit übernimmst du Verantwortung – du nutzt deine Handlungsspielräume, um bewusster, proaktiver und konstruktiver auf die Gestaltung einer Beziehung einzuwirken.

..........

..........

..........

..........

..........

..........

..........

..........

..........

..........

..........

..........

..........

..........

..........

## HERZ-Fragen

**HALTUNG:** Welche Einstellung hast du zum Thema Beziehung? Bist du eher der Meinung, es liege am anderen, wenn es Probleme gibt? Und deshalb müsse dieser sich ändern, damit sich der Konflikt löst? Oder neigst du dazu, dir selbst die Schuld dafür zu geben?
Es geht hier jedoch nicht um Schuld, sondern um das Interesse an den Zusammenhängen: Wer leistet welchen Beitrag? Wer löst etwas in einem aus? Welche Vorgeschichten gibt es? Gehe auf Spurensuche: Was fließt alles in eine herausfordernde Situation hinein? Und wie kann ich aus meinem eigenen Handlungsspielraum heraus positive, lösungsorientierte Impulse setzen? Mute dir dabei nicht zu viel zu – aber auch nicht zu wenig.

**EMPATHIE:** Habe Verständnis sowohl für dich als auch für andere. Beziehungsgestaltung ist eine hohe Kunst. Wir wurden bisher nicht darin unterrichtet. Vieles müssen wir uns selbst beibringen und das oftmals in Situationen, in denen uns das Leben sowieso schon beutelt. Bleibe dran und studiere immer wieder aufs Neue: Wie gut kennst du dich selbst? Wie gut kennst du den anderen beziehungsweise die anderen? Ahnst du Zusammenhänge, die du dir genauer vor Augen führen solltest?

..........

..........

..........

..........

..........

**RESSOURCE:** Achte darauf, dir Unterstützung zu suchen. Lasse es dir immer wieder so gut gehen, wie nur irgend möglich. Beziehung findet nicht nur über Gespräche statt, sondern natürlich ebenso über Berührung oder liebevolle Gesten. Achte darauf, dass du in deinem Netzwerk Menschen hast, die dir Halt geben und mit denen du Wärme und Herzlichkeit austauschen kannst. Damit füllst du deine Speicher und hast dann wieder genug Kraft, um weitergehen zu können.

..........

..........

..........

..........

..........

..........

**ZEUGE:** Die Zeugenperspektive macht uns klar, wohin wir unsere Aufmerksamkeit lenken: Beschäftigst du dich oft mit den Problemfällen in deinem Netzwerk? Oder umgibst du dich eher mit Menschen, die dir guttun und mit denen du immer wieder Liebe, Wärme und Offenheit austauschen kannst? Sei dir selbst ein guter Freund und wende dich sooft wie möglich diesem wunderbaren Kraftfeld zu.

# Konsequenz in Entscheidung und Umsetzung

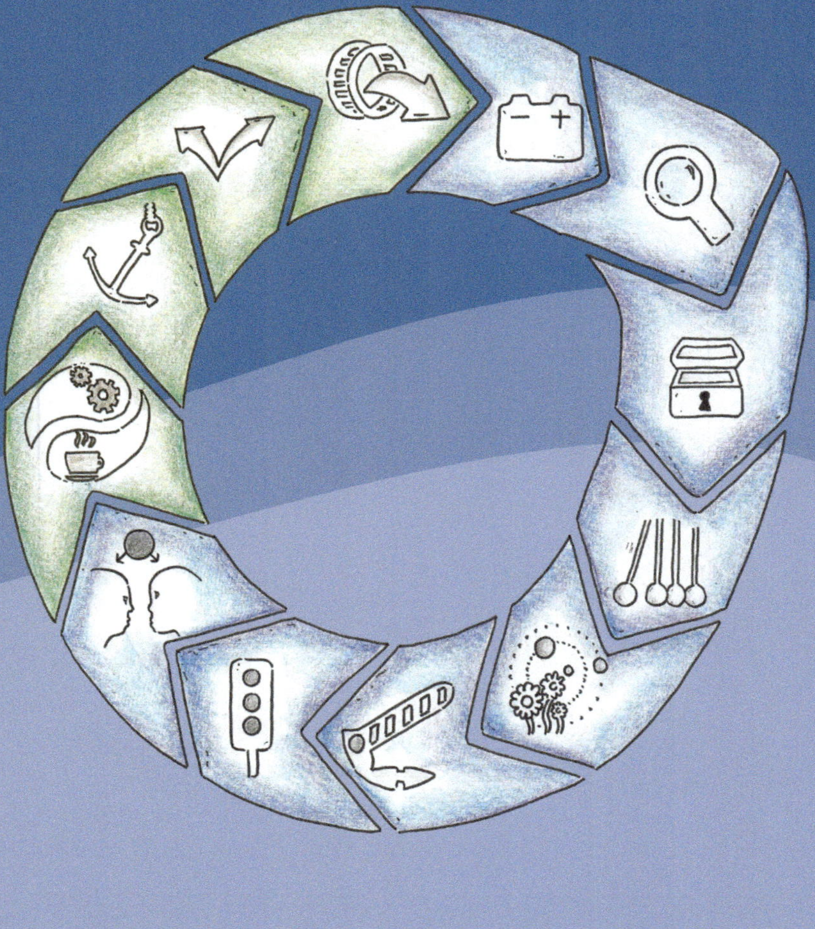

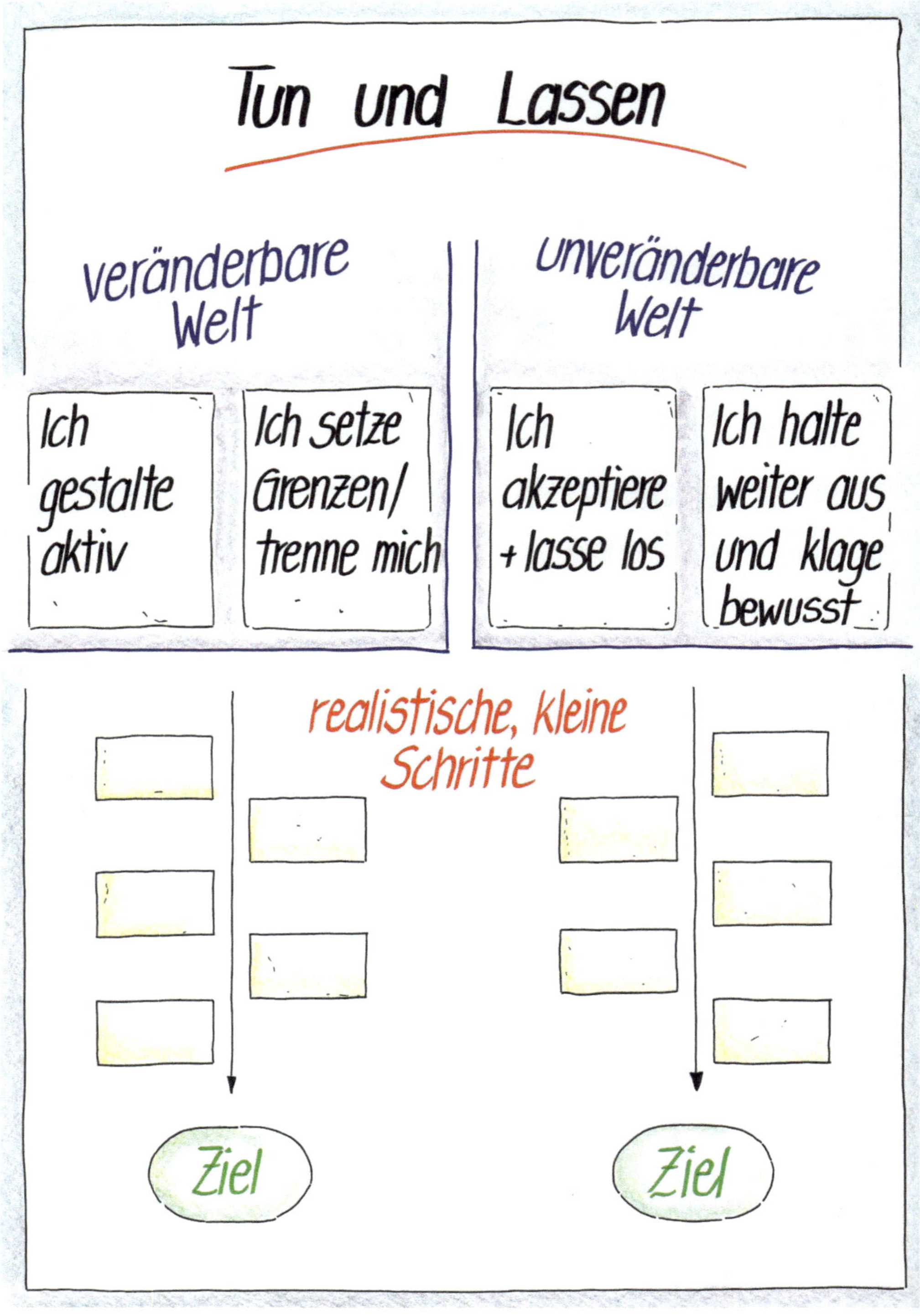
Tun und Lassen
veränderbare Welt
unveränderbare Welt
Ich gestalte aktiv
Ich setze Grenzen/ trenne mich
Ich akzeptiere + lasse los
Ich halte weiter aus und klage bewusst
realistische, kleine Schritte
Ziel
Ziel

## Stufe 9: Tun und Lassen

**ZIELE UND NUTZEN:** Wir alle erleben immer wieder Veränderungsprozesse, die für uns sehr unangenehm sind. Auf diese Umstände können wir Einfluss nehmen oder auch nicht, weil sie mitunter schicksalshaft sind. Eine Krise ruft uns regelrecht dazu auf, eine gute Balance zu finden zwischen Aktivität und Ruhe: In welchen Bereichen unseres Lebens können wir aktiv gestalten? Und in welchen Bereichen gilt es zu akzeptieren, dass wir im Moment nichts verändern können und deshalb loslassen sollten oder auch müssen? Genauso wie das aktive Gestalten ist das Loslassen ein aktiver Weg, für den wir uns entscheiden können.

Jede Situation beinhaltet Handlungsspielräume, in denen wir frei denken und handeln können. In Extremsituationen verstehen wir es sogar, unseren Freiraum auf ein Minimum zu reduzieren. Manche Menschen müssen diesen Bereich, bedingt durch Krankheit oder Freiheitsentzug, sogar ganz in ihr Inneres verlegen. Resiliente Menschen haben eine besondere Begabung, Handlungsspielräume zu erkennen und aktiv zu nutzen. Sie klagen nicht unendlich lange über das, was nicht geht, sondern nutzen jegliche Möglichkeit, die sich ihnen bietet, das Beste aus Situationen herauszuholen. Bei Themen, auf die sie keinen Einfluss nehmen können, akzeptieren sie, lassen innerlich los und verschwenden keine Energie mit weiterem Hadern. Diese freiwerdenden Kräfte aktivieren sie zielgerichtet für die Gestaltung von Geschehnissen, auf die sie wirklich einwirken können. Dabei wenden sie sich jedoch auch ihren unangenehmen Emotionen zu, um sie Schritt für Schritt zu verarbeiten.

Emotionen bewusst zu verarbeiten erfordert Geduld. Oft verspüren wir jedoch den Impuls, diesen Prozess zu verkürzen. Schmerzhafte Gefühle sind unangenehm und wir haben Angst vor ihnen. Und dennoch liegen in der Berührung mit dem Unangenehmen und Irritierenden viele Möglichkeiten für den inneren Reifungsprozess. Oftmals verleitet uns das Leben dazu, an bestimmten Inhalten festzuhalten – besonders in den Fällen, in denen wir denken, auf unserem Recht beharren zu müssen. Für diese Situationen gibt es keine einfache Pauschallösung. Mancher gewinnt seinen Frieden, indem er nicht lockerlässt und lange Zeit für eine Sache kämpft. Ein anderer erreicht innere Ruhe, indem er den Kampf beendet und darauf wartet, welche Lösung ihm das Leben von ganz anderer Seite anbietet. Oder er lässt das Leben einfach vertrauensvoll dorthin fließen, wo es sich von selbst hinbewegen möchte. »Wer loslässt, hat die Hände frei« – diese Aussage schafft Raum für neue Untersuchungen: Kann ich durch Loslassen Entlastung finden? Gewinne ich bei diesem Prozess der Ablösung oder verliere ich? Diese Fragen

können tief nach innen führen. Sie verlangen ein genaues Hinschauen und Hineinspüren.
Komplexe Gemengelagen scheinen häufig verwirrend, undurchsichtig und chaotisch zu sein. So braucht es Zeit, Konzentration und eine hilfreiche Struktur, um sich einen Überblick zu verschaffen. Diese Übung möchte dich dabei unterstützen, Klarheit zu gewinnen über veränderbare und unveränderbare Themenfelder deines privaten und beruflichen Lebens – Spielräume zu finden, in denen du dich bewegen und weiterentwickeln kannst, aber auch unveränderbare Umstände besser an-nehmen zu können. Intuition, Flexibilität und Unterscheidungskraft sind hier nützliche, innere Gesprächspartner, die dir helfen, den richtigen Kurs einzuschlagen. Gehe mutig und vertrauensvoll voran!



## Durchführung

**SCHRITT 1:** Lege auf dem Boden mit Seilen zwei Felder aus. Diese beschrifte mit »veränderbare Welt« und »unveränderbare Welt«.
Unterteile beide Felder jeweils noch in zwei weitere Perspektiven:

- **Veränderbare Welt:** »Ich gestalte aktiv.« Ich erkenne meinen Handlungsspielraum und wende mich aktiv einem Thema zu. Das kann auch bedeuten, dass du dich bewusst von einer Thematik beziehungsweise einer Rolle oder einem Menschen trennst, daher das Feld: »Ich setze Grenzen und/oder trenne mich.«
- **Unveränderbare Welt:** »Ich akzeptiere und lasse los.« Loslassen ist ein Prozess, der zumeist große Geduld von dir verlangt. Wenn du diesen Verarbeitungsprozess noch nicht allein schaffst, macht es Sinn, dir einen Gesprächspartner zu suchen, mit dem du konstruktiv und lösungsorientiert die Situation beleuchten kannst. Deshalb das Feld: »Ich halte weiter aus und klage bewusst.«

Diese verschiedenen Perspektiven sind manchmal klar und eindeutig zu erkennen, oder sie sind vielschichtig miteinander verknüpft. Deshalb bietet dieses Raster eine hilfreiche Struktur, um sich die verschiedenen Anteile und Facetten einer gegenwärtigen Problematik bewusst zu machen, zu benennen, zu sortieren und somit den Überblick zu gewinnen.

**SCHRITT 2:** Betrete nun nacheinander die vier Felder und spüre in die verschiedenen Erlebnisräume hinein: Welche Belastungen und Probleme beschäftigen mich im Moment? Was steht an und was gilt es, in der nächsten Zeit zu lösen? Schreibe die verschiedenen Facetten deiner Situation auf Moderationskarten und ordne diese den jeweiligen Feldern zu.

Im Logbuch kannst du deine Ergebnisse festhalten:

**Veränderbare Welt**
Ich gestalte aktiv.

........................................................................................................................

........................................................................................................................

»Ich setze Grenzen und/oder trenne mich.«

........................................................................................................................

........................................................................................................................

**Unveränderbare Welt**
»Ich akzeptiere und lasse los.«

........................................................................................................................

........................................................................................................................

»Ich halte weiter aus und klage bewusst.«

........................................................................................................................

........................................................................................................................

**SCHRITT 3:** Trete aus den Feldern heraus und überlege, wo es sich lohnt, deine Kraft einzusetzen und wo es keinen Sinn macht, deine Energie zu investieren, weil du diese an einer Stelle verbrennst, an der sie wirkungslos ist.
Entscheide anschließend:

Was kann und will ich angehen?



..........................................................................................

..........................................................................................

..........................................................................................

..........................................................................................

..........................................................................................

..........................................................................................

Was kann ich noch viel aktiver gestalten?

..........................................................................................

..........................................................................................

..........................................................................................

..........................................................................................

..........................................................................................

..........................................................................................

..........................................................................................

..........................................................................................

Durch welche Veränderungen in meiner inneren Haltung beziehungsweise in meinen äußeren Verhaltensweisen lassen sich Entlastung und neue Ausrichtung erreichen?

.......................................................................................................

.......................................................................................................

.......................................................................................................

.......................................................................................................

.......................................................................................................

.......................................................................................................

.......................................................................................................

Wo könnte ich einen Schritt zurücktreten, um mich zu entlasten?

.......................................................................................................

.......................................................................................................

.......................................................................................................

.......................................................................................................

.......................................................................................................

.......................................................................................................

.......................................................................................................

.......................................................................................................

Stufe 9

Wo kann ich unveränderbare Umstände zulassen und akzeptieren – womit finde ich Frieden und Versöhnung?

**SCHRITT 4:** Abschließend legst du mit einem Seil eine Zeitschiene aus. Mit Moderationskarten steckst du Zeiträume ab: einen Monat, drei Monate, ein halbes Jahr, ein Jahr. Mache dir nun bewusst, welche Veränderungen du in diesen Zeiträumen Schritt für Schritt erreichen möchtest. Definiere dafür konkrete Maßnahmen. Und gehe bitte mit jedem Thema ins Detail, um dir selbst eine klare Spur legen. Plane Maßnahmen für das Gestalten, aber auch für das Loslassen.

Skizziere im Logbuch deine Ergebnisse.

**SCHRITT 5:** Suche dir Unterstützung: Gute, offene Gespräche mit Menschen, die dich wertschätzen und die dir ohne Beurteilung zuhören. Rituale, die dir helfen, im Fluss zu bleiben. Momente der Stille, in denen du dich mit dir selbst oder mit einer größeren Schöpferkraft verbindest. Schenke dir selbst immer wieder Halt, Orientierung und Zutrauen auf deiner Wegpassage. Licht ist immer da.



Mit wem kannst du dich austauschen?

..........................................................................................

..........................................................................................

..........................................................................................

..........................................................................................

..........................................................................................

..........................................................................................

Wer und was hat dir geholfen?

..........................................................................................

..........................................................................................

..........................................................................................

..........................................................................................

..........................................................................................

..........................................................................................

..........................................................................................

## HERZ-Fragen

**HALTUNG:** Wie schätzt du dich selbst ein: Bist du eher davon überzeugt, dass du ein Machertyp bist, kannst jedoch nicht so gut zu- und loslassen? Oder ist dein Selbstbild anders gelagert? Traust du dir mehr die feinen, differenzierten Töne zu, hast jedoch Angst davor, Entscheidungen zu treffen?
Unser Innerstes hat Sehnsucht danach, sich in vielfältigen Facetten weiterzuentwickeln und in uns selbst Ganzheit zu erfahren.

Stufe 9

Stufe 9

**EMPATHIE:** Hast du den Eindruck, dass dich bestimmte Aufgaben überfordern beziehungsweise sehr viel Kraft kosten? Mit einem guten Gespür, für die passenden, kleinen und realistischen Schritte, für den richtigen Rhythmus sowie für ein ausgewogenes Maß an Aktivität und Regenerationspausen kannst du immens viel erreichen. Welches Tempo ist für dich das richtige? Gehe mit Gefühl für dich selbst und gleichzeitig für alle Mitspieler in deinem Veränderungsfeld vor.

...........................................................................................

...........................................................................................

...........................................................................................

...........................................................................................

...........................................................................................

**RESSOURCE:** Gerade bei der Zielumsetzung benötigst du einen maßvollen Blick auf deine Ressourcen. Wie viel Tragfähigkeit besitzt du im Moment? Welche Schritte sind am Anfang angemessen? Sammle erste Erfahrungen in deinem neuen Lebensfeld. Und vor allen Dingen verschaffe dir selbst Erfolgsmomente. Eine der größten Ressource in uns selbst ist, Selbstwirksamkeit zu erleben – zu spüren: »Ich nehme mir etwas vor und schaffe es umzusetzen. Ich kann es!« Mache dir selbst dieses Geschenk, indem du eine gute Planung vornimmst. Was ist für dich im Moment ein erreichbares Ziel, dass dir Erfahrung und Selbstvertrauen schenkt?

...........................................................................................

...........................................................................................

...........................................................................................

...........................................................................................

...........................................................................................

**ZEUGE:** Und wieder geht es um das große Bild. Auch an dieser Stelle gilt es, Gegensätzlichkeiten zu vereinen. Was nimmst du wahr, wenn du die Situation in einem großen Bogen betrachtest? Wo darfst du handeln – wo darfst du loslassen? Agiere aus diesem Weitblick heraus. Sei mutig und lege los!

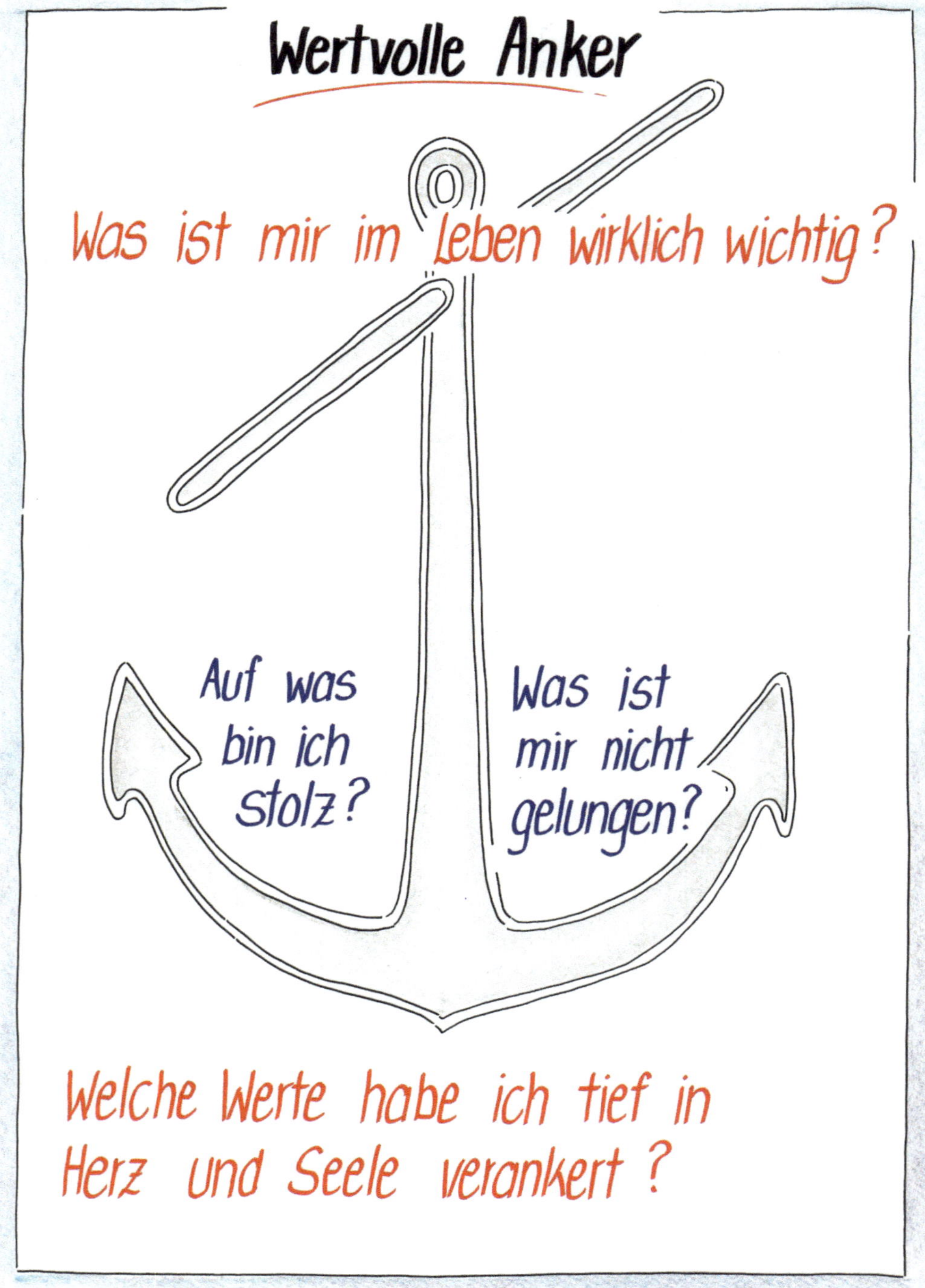
Wertvolle Anker
Was ist mir im Leben wirklich wichtig?
Auf was bin ich stolz?
Was ist mir nicht gelungen?
Welche Werte habe ich tief in Herz und Seele verankert?

## Stufe 10: Wertvolle Anker

Stufe 10

**ZIELE UND NUTZEN:** Das tragende Gerüst bei der Bewältigung schwieriger Situationen sind oftmals unsere Werte – ob sie uns bewusst sind oder nicht. Sie ziehen sich wie ein roter Faden durch unser Leben. Jeder Mensch trägt Werte in sich. Sie sind mit der individuellen Lebensgeschichte verknüpft und eng mit dem eigenen Charakter, den eigenen Prägungen und Glaubenssätzen verbunden.

Auch wenn im Alltag eher selten über Werte gesprochen wird, sind es genau diese Grundhaltungen, die auf unsere Selbstführung, unsere Beziehungen, unsere Lebensqualität und unsere Gesundheit immensen Einfluss ausüben. Wohlbefinden, Zufriedenheit und Erfolg korrespondieren in engem Zusammenhang mit dem Werteverständnis unseres Tuns und Handelns.

Werte und Selbstwert sind eng miteinander verknüpft. Je fester wir in uns selbst verankert sind, umso eher gelingt es uns, im Leben klar und unmissverständlich aufzutreten – und vielleicht auch unkonventionelle Wege zu gehen. Die eigenen Werte jeden Tag lebendig umzusetzen, ob in Alltagssituationen, Entscheidungswegen oder in problembeladenen Prozessen, ist besonders dann gewinnbringend, wenn wir genau an diesen Werten festhalten und nicht ausweichen, wenn es kniffelig wird oder wenn Gegenwind weht. Es gilt, sich selbst treu zu bleiben, denn gerade in dieser Treue zu sich selbst steckt viel Kraft und Heilung. Dann werden Werte greifbar und generieren genau die Stärke, um auch mit anspruchsvollen Situationen klarer und kraftvoller zurechtzukommen.

Auffallend ist, dass dieser so wichtige Glaube an sich selbst bei vielen Menschen eher ungenügend ausgeprägt ist, obwohl sie in ihrem Leben schon viel für sich selbst und andere geleistet haben. Ohne sich auf diese wesentlichen Lebensereignisse zu berufen, konzentrieren sie sich hauptsächlich auf ihre Schwächen und Einschränkungen. Natürlich trägt jeder Mensch auch unliebsame Eigenschaften in sich und stößt immer wieder an seine Grenzen. Diese unterschiedlichen Erfahrungswerte und Blickpunkte gilt es aber anzuerkennen, miteinander abzuwägen und in ihrer Interpretation auszutarieren.

Allerdings kann unter Druck leicht das Gegenteil passieren: Befinden wir uns in einer Krise oder problembehafteten Zeit, blenden wir unsere erfolgreichen Erfahrungen oftmals aus, dafür treten eher die unliebsamen Erinnerungen in uns hervor. Wir erleben uns als schwach und schätzen unsere Lebenskompetenz eher gering ein. Diese Wahrnehmung ist selektiv, da sie unendlich viele Momente des Glücks und der Befähigung ausblendet. Die Übung auf Stufe 10 soll dir helfen, dir beide Seiten der Lebensmedaille vor Augen zu halten, indem selbstwertstärkende

und -schwächende Situationen im Leben erkannt und greifbar gemacht werden. Der Blick wird auf die wesentlichen, tragenden Säulen in dir selbst gelenkt. So erlebst du in dir eine ganz natürliche Aufrichtung – und gleichwohl eine Hinwendung zum Schönen im Leben.
Mache dir klar, auf welchem festen, reichhaltigen Lebensfundament du stehst. Und stärke deinen Selbstwert. Er stattet deinen gesamten Lebensbogen mit einer ganz besonderen Spannkraft aus!

## Durchführung

**SCHRITT 1:** Zunächst legst du als Symbol deines Selbstwerts mit einem Seil eine Waage als Anker am Boden aus. Beschrifte die beiden Waagschalen mit: »Worauf bin ich stolz?« und: »Was ist mir noch nicht gelungen?«

**SCHRITT 2:** Betrete zuerst das positive Feld und nimm dir Zeit, um mit dieser Waagschale deines Lebens in Kontakt zu treten: Welche Werte begleiten dich in deinem Leben – Welche setzt du um? Was ist dir im Leben bereits gelungen durch deine Haltung, deinen Mut oder auch durch Loslassen? Erinnere dich an Situationen aus der Schule, dem Sportverein, mit Freunden, in Ausbildung, Beruf oder Familie und schreibe für jede Situation die Essenz des Erlebnisses und den Wert, der für dich persönlich dahintersteht, auf eine Moderationskarte.
Zum Beispiel:
- Ich habe die schwere Prüfung bestanden und mich stolz gefühlt.
- Beharrlichkeit ist eine meiner Stärken.
- Ich meisterte die schmerzliche Trennung meiner Eltern.
- Durchhaltevermögen
- Ich ging für ein Jahr ins Ausland.
- Mut
- Offenheit

Zu jeder Aussage kannst du ein kleines Symbol zeichnen, das die Quintessenz der jeweiligen Erfahrung noch unterstreicht.
Lege dann die Moderationskarten in die Waagschale. Sicherlich entdeckst du eine Vielzahl von Fähigkeiten, die du dir selbst so noch nie vor Augen geführt hast. Spüre deine Kraft und Stärke. Dein Selbstvertrauen steigt in diesem Moment

sichtlich – nimm deine veränderte Körperhaltung, Mimik und Ihren Ausdruck wahr. Diese inneren Ressourcen sind auch in schwierigen Situationen nutzbar.

Notiere dir ins Logbuch deine Erkenntnisse.

Worauf bin ich stolz?

..........................................................................................................

..........................................................................................................

..........................................................................................................

..........................................................................................................

..........................................................................................................

..........................................................................................................

..........................................................................................................

Was ist mir noch nicht gelungen?

..........................................................................................................

..........................................................................................................

..........................................................................................................

..........................................................................................................

..........................................................................................................

..........................................................................................................

..........................................................................................................

**SCHRITT 3:** Nun widme dich auch der anderen Waagschale und sammle alle Erlebnisse, mit denen du in deinem Leben noch nicht im Reinen bist – die dich in deinem Selbstwertgefühl schwächen. Achte auch hier auf die prägende Wirkung des Geschehens. Betrachte deine Schwächen mit etwas Abstand, möglichst wertungsfrei und freundlich. Möglicherweise entdeckst du Zusammenhänge, die du früher noch nicht wahrnehmen konntest und nun eine andere Interpretation zulassen. Was möchtest du daraus mitnehmen und lernen?

..............................................................................................................

..............................................................................................................

..............................................................................................................

..............................................................................................................

..............................................................................................................

**SCHRITT 4:** Sobald du mit dieser Sammlung fertig bist, trete einen Schritt zurück und lasse das gesamte Schaubild auf dich wirken. Bringe Transparenz in die Macht deiner bereits gelebten, aber auch in die noch ungelebten Werte: Welche Gedanken tauchen auf, wenn du auf beide Felder schaust? Welche Gefühle oder Körperwahrnehmungen hast du? Was spricht die Seele? Was hast du hinsichtlich deiner Werte bereits alles erfahren? Welche konntest du umsetzen? Welche blieben bis jetzt noch ungelebt und möchten von nun aktiv aufgegriffen werden?

..............................................................................................................

..............................................................................................................

..............................................................................................................

..............................................................................................................

..............................................................................................................

**SCHRITT 5:** Aus diesem relativierten Gesamtbild und deinem neu entdeckten Selbstwert leitest du nun eine Strategie ab, um deine jetzige Situation nicht nur zu bewältigen, sondern umzuwandeln: in eine Zukunft, die deiner Persönlichkeit wirklich entspricht. Verankere dich in deinen eigenen Werten!

..............................

..............................

..............................

..............................

..............................

..............................

..............................

Vertiefung

## Auf die Botschaft der Seele lauschen

Oft läuft das Leben in einem so rasanten Tempo, dass wir überhaupt keine Zeit haben, über wesentliche Dinge wirklich nachzudenken. Obwohl es unangenehm ist: In einer bestimmten Geschwindigkeit gleicht das Hamsterrad einer Komfortzone – wir kennen uns darin aus und alle unsere Muster und Prägungen werden perfekt bedient. So bleiben wir am Laufen. Wenn das Rad jedoch mehr Tempo aufnimmt und uns fast aus der Kurve wirft, dann sehen wir es plötzlich ganz klar vor Augen: auf diese Weise können wir einfach nicht weitermachen – wir merken, es wird einfach zu viel. Auch wenn uns eine Aufgabe einmal Freude bereitet hat, in dem Moment, in dem es zunehmend schwieriger wird, beginnen wir über Dinge zu jammern und zu klagen, die wir früher

noch leicht wegstecken konnten. Zunächst beißen wir uns an diesem äußeren Symptom fest und meinen, dabei ganz genau zu wissen, wie es zu lösen sei.
Aber mit der Zeit verstehen wir möglicherweise, dass hinter all diesen Äußerlichkeiten viel größere Fragen auf uns warten: Wo stehen wir gerade in unserem Leben und was möchten wir tatsächlich mit unserem Leben anfangen? Dann stellen wir unser gesamtes Lebensgefüge auf den Prüfstand und sehen in der Vielzahl an Symptomen ein Ausrufezeichen: bis hierher und nicht weiter! Die eigenen, reflektierenden Gedanken ändern nicht nur die Richtung, sondern sie gehen auch mehr und mehr in die Tiefe unseres Lebens hinein. Irgendwann begegnen wir dabei unseren ureigenen Werten – sie schienen uns mit den Jahren verloren gegangen zu sein. Nun gilt es, sie wieder zu finden.
Die HBT-Methode läuft immer wieder über bestimmte Stadien: Am Anfang ist eine gute Klärung notwendig, eine möglichst nüchterne Analyse der aktuellen Situation. Du nimmst dir Zeit, an die Wurzel der Geschehnisse heranzukommen und verschaffst dir einen detaillierten Überblick, in welchen Themenbereichen du dich wohl- und kraftvoll fühlst und in welchen Bereichen du Energien gebunden hast: Wo stößt du immer wieder an Grenzen oder das gleiche Problem und kommst dabei nicht so recht in deinen Fluss? Dort, wo das genaue Thema liegt, nimmst du eine Entlastung vor. Gebundene Energien werden Schritt für Schritt erfahrbar gemacht, gelöst und freigesetzt. Die freigewordenen Kräfte nutzt du zum Aufbau deiner Ressourcen, zur konstruktiven Ausrichtung auf dein Potenzial sowie zur Erreichung deiner Ziele und dann vor allem zur konsequenten Umsetzung deiner Ideen und Visionen.
Durch das permanente Laufen im Hamsterrad haben sich viele Menschen daran gewöhnt, dass sich das Leben mühsam anfühlt – als würden sie sich selbst nur durch ihre Anstrengung erleben und spüren können. Ich möchte dich jedoch zu einem anderen Bild einladen: Stelle dir vor, dass sich das Leben trotz seiner Herausforderungen leicht anfühlt, stimmig, wie in einem Fluss, der es mit sich trägt. Das Thema »Werte« kann dabei ein wichtiger Schlüssel sein.
Jeder von uns trägt einen Sensor in sich, der anzeigt, was stimmig und richtig ist – und was nicht. Eines erlebe ich täglich: wenn ich mich eng mit meinen Werten verbinde, sie mitten hinein in meinen Alltag transportiere und sie umsetze, dann spüre ich eine große, innere Stärke in mir. Ja, und diesen inneren Halt brauche ich auch. Wenn ich beginne, Entscheidungen auf Grundlage meiner innersten Überzeugungen zu treffen, ernte ich möglicherweise zunächst

Widerstand aus meinem Umfeld. Ich muss mich erst daran gewöhnen, standhaft zu bleiben. Es wird sich jedoch eine innere Zufriedenheit einstellen – und dann passiert noch etwas ganz anderes, ganz Wundersames: das Resonanzprinzip beginnt zu wirken. Je klarer ich auftrete, umso mehr Klarheit begegnet mir. Je fließender mein Umgang mit mir selbst ist, umso mehr fügen sich die Geschehnisse des Tages zu einem Fluss zusammen. Immer öfter lassen sich plötzlich selbst scheinbar unüberwindbare Probleme lösen – schenkt mir ein Zufall glückliche Fügungen, die mein Leben leichter machen.
Nach meiner Erfahrung ordnet sich das Leben von innen nach außen. Wenn ich in mir selbst Ordnung herstelle, kann sich das Außen wie in einem Spiegel daran orientieren. Das Ganze lässt sich kurz und bündig zusammenfassen: wenn es innen stimmt, dann stimmt es auch außen.

## HERZ-Fragen

**HALTUNG:** Hast du dir bisher schon Gedanken über deinen eigenen Selbstwert gemacht? Erlaubst du dir, darüber nachzudenken, auf was du stolz bist und woran du an dir selbst Freude hast? Wertschätzung, Wertschöpfung, wertvoll – in der deutschen Sprache gibt es viele Wörter, in denen sich der Begriff »Werte« wiederfinden lässt. Dennoch sprechen wir sehr selten darüber. Gehe spontan und natürlich an dieses Thema heran – so, wie Kinder es noch tun. Was entdeckst du, wenn du mit einem frischen, direkten Blick auf dich selbst schaust?

**EMPATHIE:** Kannst du dir selbst Verständnis und Empathie schenken – gerade dann, wenn du auf deine sogenannten Fehler schaust? Wie liebevoll würdest du einen Freund darin unterstützen, auch Facetten seiner eigenen Person, die ihm nicht so gut an ihm gefallen, wertschätzend anzuerkennen? In der gleichen freundlichen und einfühlsamen Weise begleitest du dich bitte selbst in dieser Übung.

.....................................................................................................

.....................................................................................................

.....................................................................................................

.....................................................................................................

.....................................................................................................

.....................................................................................................

.....................................................................................................

.....................................................................................................

.....................................................................................................

.....................................................................................................

.....................................................................................................

.....................................................................................................

.....................................................................................................

.....................................................................................................

.....................................................................................................

**RESSOURCE:** Öffne deinen Blick immer wieder für folgende Fragen: Was brauchst du, um dich so fest wie möglich in deinem eigenen Wertesystem zu verankern? Was hilft dir, diese Werte hinein in deinen beruflichen und privaten Alltag zu bringen? Und wie kannst du in Gewissensfragen einen klaren Kompass in der Hand halten?

.....................................................................................................................

.....................................................................................................................

.....................................................................................................................

.....................................................................................................................

.....................................................................................................................

.....................................................................................................................

.....................................................................................................................

.....................................................................................................................

.....................................................................................................................

.....................................................................................................................

.....................................................................................................................

.....................................................................................................................

.....................................................................................................................

.....................................................................................................................

.....................................................................................................................

**ZEUGE:** Solltest du noch immer mit schweren Lebensumständen deiner Vergangenheit hadern, dann wende dich an deinen eigenen Zeugen. Trete – wie immer an dieser Stelle – einige Schritte zurück und versuche, die Geschehnisse aus einem weiteren Blick heraus zu betrachten. Wie stellen sich diese Geschehnisse aus diesem Blickwinkel dar? Relativiere die Zusammenhänge? Wo verspürst du in deinem Leben dunkle Flecken oder Wegpassagen, bei denen du Trauer, Kummer und vielleicht auch Schuldempfinden verspürst? Wie kannst du die Dualität des Lebens besser erfassen und ausloten? Stelle dir die große, tragende Schale des Lebens vor, die immer wieder alles umarmt und vereint – ob es hell ist oder dunkel. Das ist die Ganzheit des Lebens. Ruhe dich in der Schale des Lebens aus.

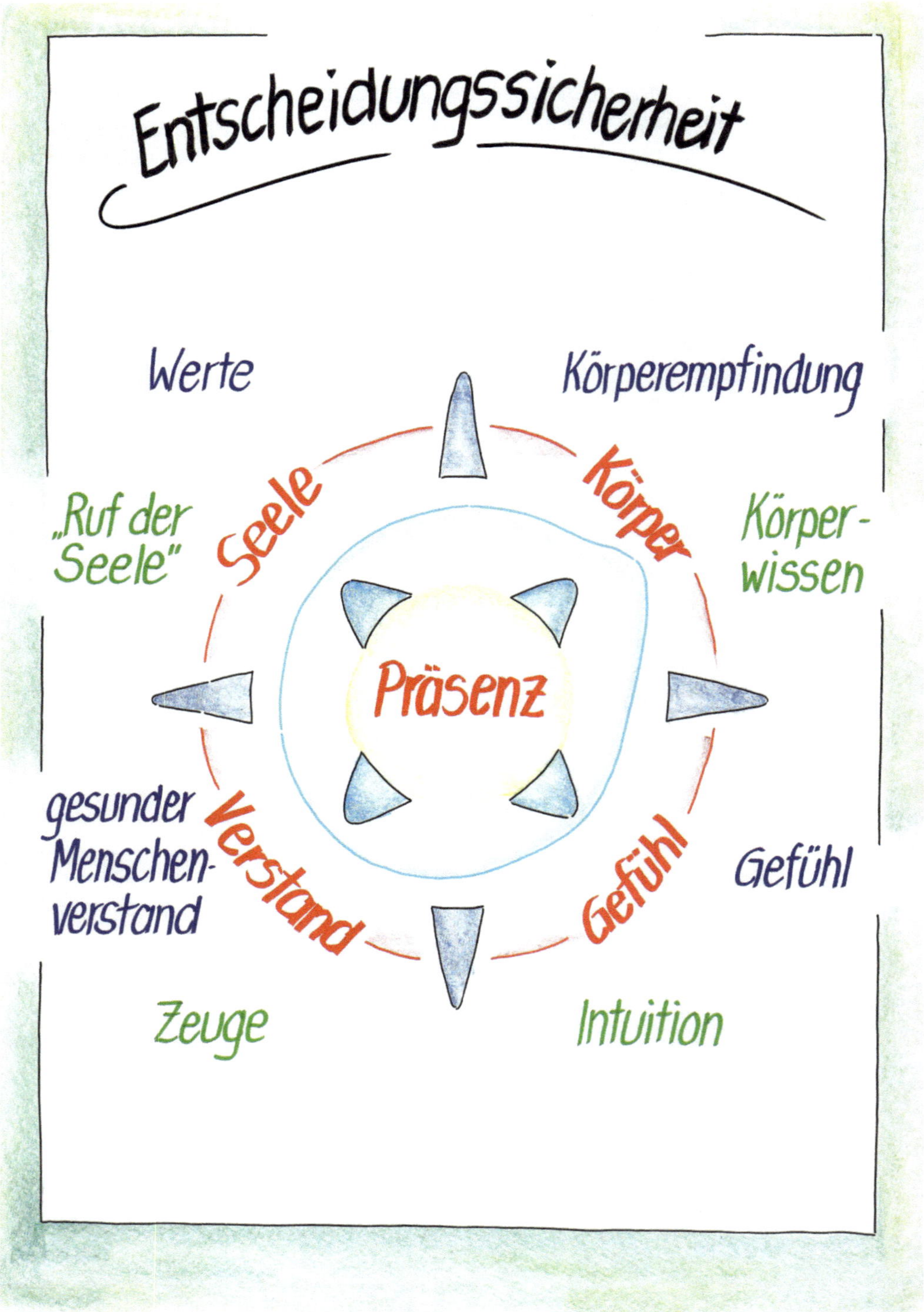
Entscheidungssicherheit
Werte
Körperempfindung
„Ruf der Seele"
Seele
Körper
Körper-wissen
Präsenz
gesunder Menschen-verstand
Verstand
Gefühl
Gefühl
Zeuge
Intuition

# Stufe 11: Entscheidungssicherheit

**ZIELE UND NUTZEN:** In Krisenzeiten stellt uns das Leben besonders tiefgehende Fragen, die in vielen Fällen ungeheure Konsequenzen für uns und für andere Menschen haben. Unsere Gedanken kreisen ständig um diese Fragestellungen – wie in einem Gedankenkarussell. Je länger wir etwas herauszögern, umso mehr Energie verschlingt es.

Solche »Entscheidungsfragen« lassen sich nur zum Teil mit dem Kopf beantworten. Oft zeigt sich jedoch ein Gefühl, eine Empfindung, Ahnung oder Intuition, dann wieder ein Gedanke, eine Körperempfindung. Umsichtige Entscheidungen finden unter Einbeziehung aller dieser Wahrnehmungsebenen statt. Auf dieser Stufe übst du dich darin, Entscheidungsprozesse unter Einbeziehung verschiedener Blickpunkte systematisch aufzubauen. Dabei lernst du den Entscheidungskompass kennen, ein wunderbares Instrument, um den verschiedenen Facetten und Perspektiven in uns nachzugehen – sie in Summe zu betrachten, miteinander abzuwägen und in einen Entscheidungsweg mit einzubeziehen. Du wirst ein Gesamtbild herausarbeiten, das die Vor- und Nachteile sämtlicher Lösungsoptionen auf verschiedenen Ebenen sichtbar macht und so zum stimmigsten Weg führt. Du lernst, die Weisheit deines Körpers, dein Bauchgefühl und den in deiner Seele liegenden Ruf deines Lebens dafür zu nutzen, tragfähige Entscheidungen auch da zu treffen, wo es keine eindeutige, hundertprozentig richtige Lösungsantwort gibt.

## Durchführung

**SCHRITT 1:** Nimm dir ein Thema vor, das dich momentan sehr beschäftigt und in dem du eine wichtige Entscheidung treffen möchtest. Schreibe die Fragestellung sowie zwei bis drei Lösungsoptionen jeweils so genau wie möglich auf.

Fragestellung:

..........

..........

..........

..........

Lösungsoption 1:

..........

..........

..........

..........

Lösungsoption 2:

..........

..........

..........

..........

Lösungsoption 3:

.....................................................................................................................

.....................................................................................................................

.....................................................................................................................

.....................................................................................................................

.....................................................................................................................

.....................................................................................................................

.....................................................................................................................

.....................................................................................................................

**SCHRITT 2:** Lege den HBT-Kompass mit Seilen auf dem Boden aus. Für die vier verschiedenen Perspektiven der ersten Ebene: »Körper«, »Gefühl«, »Verstand« und »Seele« sowie der zweiten Ebene: »Körperwissen«, »Intuition«, »Zeuge« und »Bewegung der Seele«, verwende Moderationskarten, die du als Bodenanker in die vier Kompassfelder legst.

**SCHRITT 3:** Gehe zunächst Option 1 in Ruhe durch. Betrete nacheinander die einzelnen Kompassfelder der ersten Ebene. Überlege, was dieser Weg für dich aus den unterschiedlichsten Perspektiven bedeutet und spüre dabei tief in deinen ganzen Organismus hinein. Bei deiner Wanderung durch die einzelnen Bereiche stelle dir die jeweiligen Fragen.
Beim Wechsel der Bereiche trete aus dem Kompass heraus, halte einen Moment inne, schließe die Augen, vertiefe die Atmung – werde aufmerksam für das, was sich in dir ereignet.
Notiere alle Eindrücke und Erkenntnisse oder führe die Übung mit einem aufmerksamen Begleiter durch. Betrachte die verschiedenen Impulse und ziehe ein Resümee.

## Lösungsoption 1

**Feld »Körper«:** Was sagt dein Körper zu Lösungsoption 1? Welche körperlichen Belastungen oder Entlastungen werden auf deinen physischen Energiehaushalt zukommen?

........................................................................................................................

........................................................................................................................

........................................................................................................................

........................................................................................................................

........................................................................................................................

........................................................................................................................

**Feld »Gefühl«:** Welche Emotionen steigen in dir hoch? Was spricht dein Herz?

........................................................................................................................

........................................................................................................................

........................................................................................................................

........................................................................................................................

........................................................................................................................

........................................................................................................................

........................................................................................................................

**Feld »Verstand«:** Was meint dein Verstand? Trage alle Zahlen, Daten und Fakten zusammen, die für oder gegen diese Entscheidung sprechen.

.................................................................................................

.................................................................................................

.................................................................................................

.................................................................................................

.................................................................................................

.................................................................................................

.................................................................................................

**Feld »Seele«:** Ist sie vereinbar mit deinen Werten und der Grundhaltung zu deinem Leben?

.................................................................................................

.................................................................................................

.................................................................................................

.................................................................................................

.................................................................................................

.................................................................................................

.................................................................................................

Dann gehe eine Ebene tiefer und spüre noch genauer, was passiert, wenn du dich für die Lösungsoption 1 bereits entschieden hättest. Betrete die Felder der zweiten Kompassebene.

**Feld »Körperwissen«:** Welche Stimmung durchzieht deinen Körper? Empfindest du ihn als frei, energievoll und gelassen – oder eher verkrampft und unter Druck? Was spürst du?

..............................................................................................

..............................................................................................

..............................................................................................

..............................................................................................

..............................................................................................

..............................................................................................

**Feld »Intuition«:** Was sagt dein Bauchgefühl, deine feine Nase? Oft ahnen wir schon die Konsequenzen einer Entscheidung: Ist es der richtige Weg oder hast du ein mulmiges Gefühl in dir? Notiere bitte deinen allerersten Impuls.

..............................................................................................

..............................................................................................

..............................................................................................

..............................................................................................

..............................................................................................

..............................................................................................

Stufe 11

**Feld »Zeuge«:** Welche Aspekte kommen aus der Zeugenperspektive hinzu? Welche weitreichenden Zusammenhänge und möglichen Konsequenzen nimmst du wahr?

.......................................................................................................

.......................................................................................................

.......................................................................................................

.......................................................................................................

.......................................................................................................

.......................................................................................................

**Feld »Bewegung der Seele«:** Was sagt dein innerster Wesenskern? Fühlt er sich stolz, voller Ideen und sprühender Leidenschaft – oder ist es für ihn eher ein fauler Kompromiss, dem die Seele mit hängendem Kopf hinterhertrottet? In welche Richtung zieht es deine Seele?

.......................................................................................................

.......................................................................................................

.......................................................................................................

.......................................................................................................

.......................................................................................................

.......................................................................................................

.......................................................................................................

**SCHRITT 4:** Gehe die weiteren Optionen nach gleichem Muster durch.

## Lösungsoption 2

**Feld »Körper«:** Was sagt dein Körper zu Lösungsoption 2? Welche körperlichen Belastungen oder Entlastungen werden auf deinen physischen Energiehaushalt zukommen?

..................................................

..................................................

..................................................

..................................................

..................................................

..................................................

Feld »Gefühl«: Welche Emotionen steigen in dir hoch? Was spricht dein Herz?

..................................................

..................................................

..................................................

..................................................

..................................................

..................................................

Stufe 11

**Feld »Verstand«:** Was meint dein Verstand? Trage alle Zahlen, Daten und Fakten zusammen, die für oder gegen diese Entscheidung sprechen.

..............................................................................................................

..............................................................................................................

..............................................................................................................

..............................................................................................................

..............................................................................................................

..............................................................................................................

..............................................................................................................

**Feld »Seele«:** Ist sie vereinbar mit deinen Werten und der Grundhaltung zu deinem Leben?

..............................................................................................................

..............................................................................................................

..............................................................................................................

..............................................................................................................

..............................................................................................................

..............................................................................................................

..............................................................................................................

Dann gehe eine Ebene tiefer und spüre noch genauer, was passiert, wenn du dich für die Lösungsoption 2 bereits entschieden hättest. Betrete die Felder der zweiten Kompassebene.

**Feld »Körperwissen«:** Welche Stimmung durchzieht deinen Körper? Empfindest du ihn als frei, energievoll und gelassen – oder eher verkrampft und unter Druck? Was spürst du?

..........

..........

..........

..........

..........

..........

**Feld »Intuition«:** Was sagt dein Bauchgefühl, deine feine Nase? Oft ahnen wir schon die Konsequenzen einer Entscheidung: Ist es der richtige Weg oder hast du ein mulmiges Gefühl in dir? Notiere bitte deinen allerersten Impuls.

..........

..........

..........

..........

..........

..........

Stufe 11

**Feld »Zeuge«:** Welche Aspekte kommen aus der Zeugenperspektive hin-zu? Welche weitreichenden Zusammenhänge und möglichen Konsequenzen nimmst du wahr?

................................................................................................

................................................................................................

................................................................................................

................................................................................................

................................................................................................

................................................................................................

**Feld »Bewegung der Seele«:** Was sagt dein innerster Wesenskern? Fühlt er sich stolz, voller Ideen und sprühender Leidenschaft – oder ist es für ihn eher ein fauler Kompromiss, dem die Seele mit hängendem Kopf hinterhertrottet? In welche Richtung zieht es deine Seele?

................................................................................................

................................................................................................

................................................................................................

................................................................................................

................................................................................................

................................................................................................

................................................................................................

## Lösungsoption 3

**Feld »Körper«:** Was sagt dein Körper zu Lösungsoption 3? Welche körperlichen Belastungen oder Entlastungen werden auf deinen physischen Energiehaushalt zukommen?

..........................................................................................

..........................................................................................

..........................................................................................

..........................................................................................

..........................................................................................

..........................................................................................

**Feld »Gefühl«:** Welche Emotionen steigen in dir hoch? Was spricht dein Herz?

..........................................................................................

..........................................................................................

..........................................................................................

..........................................................................................

..........................................................................................

..........................................................................................

..........................................................................................

**Feld »Verstand«:** Was meint dein Verstand? Trage alle Zahlen, Daten und Fakten zusammen, die für oder gegen diese Entscheidung sprechen.

..................................................................................................................

..................................................................................................................

..................................................................................................................

..................................................................................................................

..................................................................................................................

..................................................................................................................

..................................................................................................................

**Feld »Seele«:** Ist sie vereinbar mit deinen Werten und der Grundhaltung zu deinem Leben?

..................................................................................................................

..................................................................................................................

..................................................................................................................

..................................................................................................................

..................................................................................................................

..................................................................................................................

..................................................................................................................

Dann gehe eine Ebene tiefer und spüre noch genauer, was passiert, wenn du dich für die Lösungsoption 3 bereits entschieden hättest. Betrete die Felder der zweiten Kompassebene.

**Feld »Körperwissen«:** Welche Stimmung durchzieht deinen Körper? Empfindest du ihn als frei, energievoll und gelassen – oder eher verkrampft und unter Druck? Was spürst du?

.......................................................................................................

.......................................................................................................

.......................................................................................................

.......................................................................................................

.......................................................................................................

.......................................................................................................

**Feld »Intuition«:** Was sagt dein Bauchgefühl, deine feine Nase? Oft ahnen wir schon die Konsequenzen einer Entscheidung: Ist es der richtige Weg oder hast du ein mulmiges Gefühl in dir? Notiere bitte deinen allerersten Impuls.

.......................................................................................................

.......................................................................................................

.......................................................................................................

.......................................................................................................

.......................................................................................................

.......................................................................................................

**Feld »Zeuge«:** Welche Aspekte kommen aus der Zeugenperspektive hin-zu? Welche weitreichenden Zusammenhänge und möglichen Konsequenzen nimmst du wahr?

..........................................................................................

..........................................................................................

..........................................................................................

..........................................................................................

..........................................................................................

..........................................................................................

**Feld »Bewegung der Seele«:** Was sagt dein innerster Wesenskern? Fühlt er sich stolz, voller Ideen und sprühender Leidenschaft – oder ist es für ihn eher ein fauler Kompromiss, dem die Seele mit hängendem Kopf hinterhertrottet? In welche Richtung zieht es deine Seele?

..........................................................................................

..........................................................................................

..........................................................................................

..........................................................................................

..........................................................................................

..........................................................................................

..........................................................................................

**SCHRITT 5:** Nachdem alle Lösungswege untersucht sind, schreibe auf Moderationskarten Option 1, 2 beziehungsweise 3 mit einem Stichwort und/oder Symbol, um dir mit Abstand ein Bild des Ganzen zu machen. Rufe dir die gesammelten Aspekte ins Gedächtnis und lasse sie auf dich wirken.
Dann arbeite auf Grundlage dieser Gesamtschau eine finale Entscheidung heraus. Was fühlt sich für dich im Moment am stimmigsten an? Wohin soll die Reise gehen?

..........................................................................................................

..........................................................................................................

..........................................................................................................

..........................................................................................................

..........................................................................................................

..........................................................................................................

..........................................................................................................

..........................................................................................................

..........................................................................................................

..........................................................................................................

..........................................................................................................

..........................................................................................................

..........................................................................................................

..........................................................................................................

..........................................................................................................

Vertiefung

## Wahrnehmung und Bewusstsein ausdehnen

Bewusstsein, Achtsamkeit und Präsenz – diese Perspektiven bilden den Kern des Resilienztrainings. An dieser Stelle möchte ich nun noch etwas tiefer gehen und auch auf die kulturellen Prägungen des Bewusstseins schauen.

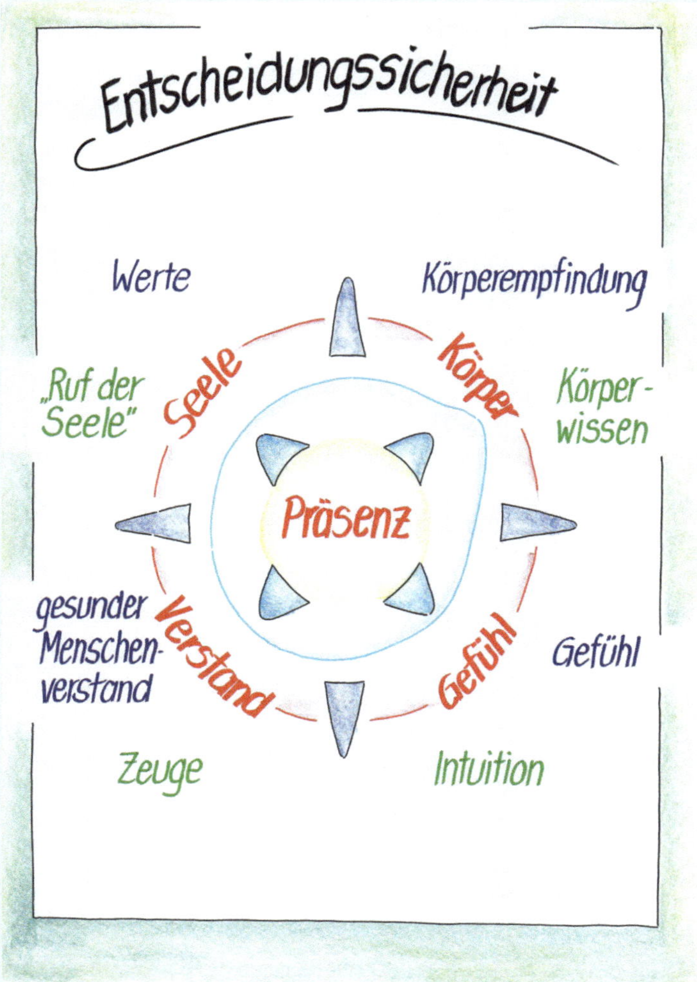

Zunächst geht es um vier verschiedene Bewusstseinsdimensionen:

- rationales Denken
- emphatisches Fühlen
- wertfreies Empfinden, Denken, Reden
- präsentes Sein

Im Alltag vermischen sich diese Dimensionen. Es ist jedoch sehr spannend, sie getrennt voneinander zu betrachten. Rationales Denken bedeutet, ein Thema aus mentaler, logischer und rationaler Sicht zu betrachten, um eine stringente und strukturierte Analyse zu finden. Damit wird ein Inhalt begreif-, beschreib- und kontrollierbar. Dies entspricht der wissenschaftlichen Herangehensweise – an einigen Stellen alltagstauglich, aber in vielen Bereichen nicht ausreichend genug.
Um einem Inhalt gerecht zu werden, benötigen wir auch die Gefühlsperspektive. Du kennst möglicherweise das Bild vom Eisberg. Dieses Modell stammt aus der Kommunikationsforschung. Es besagt, dass nur 15 Prozent unserer Wahrnehmung wie eine Eisbergspitze über einer Wasseroberfläche zu sehen ist. Darunter – für uns nicht sichtbar – liegt der restliche riesige Berg: unbewusste Empfindungen, Emotionen und Intuitionen sowie Muster, Prägungen und Projektionen.
Alle diese Einflüsse spielen in Situationen hinein. Beginnen wir, dieses Unbewusste aufzudecken, scheint es zunächst komplizierter und unkontrollierbarer zu werden – als gerate die Situation aus dem Lot. Deswegen schrecken viele Menschen meist aus Angst davor zurück. Sie haben das Gefühl, sich auf diesem Terrain nicht auszukennen. Aber verschwindet ein Thema, wenn man sich die Augen zuhält?
Die nächste Bewusstseinsstufe beschreibt sich mit den Worten »wertfreies Empfinden, Denken, Reden«. Dahinter steht die Idee, sich selbst, einem anderen Menschen oder einem Thema – frei von allen Bewertungen und Vorurteilen – in Ruhe, Klarheit und auch mit einer gewissen Weite zu begegnen.
Präsentes Sein steht für die Fähigkeit, Abstand zu nehmen, sich aus den Außenwahrnehmungen zurückziehen und im Inneren ein großes, weites Feld zu betreten – dadurch ergibt sich ein enormer Freiraum. Denn in diesem Feld können wir an einem größeren Wissensspeicher partizipieren. In ihm finden wir oft interessante und neue Perspektiven, die viel lösungsorientierter, wei-

ser, weitsichtiger und auch fairer ein Geschehen bewerten. So kann das Thema Bewusstseinserweiterung ganz pragmatisch betrachtet werden, indem sie auf menschlicher und fachlicher Ebene hilft, immer wieder neue, kreative Lösungswege zu finden.

Schauen wir nun das Thema Bewusstsein hinsichtlich unserer kulturellen Prägungen an. Beginnen wir mit dem gemeinsamen Verständnis des Zeitbegriffs. Hier sprechen wir meist über die lineare Zeit, die sich aus der Vergangenheit über die Gegenwart in die Zukunft bewegt. Und wir benutzen Zeit, um unseren Alltag zu strukturieren. Aber fühlt sich Zeit immer gleich an? Denken wir an Tage, in denen wir eigentlich nur noch fünf Minuten zur freien Gestaltung haben, und dann dehnt und weitet sich dieser Zeitraum, als wäre er um ein Vielfaches länger. Auch die kulturelle Absprache, dass wir uns in einem dreidimensionalen Raum bewegen, kann sich mitunter ganz unterschiedlich anfühlen. Länge, Höhe, Weite. Hier kommen vor allem die mentale Verfassung und die Wahrnehmung ins Spiel. Der Geist besitzt eine enorme Kraft. Er entscheidet meist darüber, ob uns etwas leicht- oder schwerfällt und wie wir Herausforderungen überwinden.

Das nächste Beispiel ist die Subjekt- und Objekttrennung. In unserem kulturellen Verständnis ist Belebtes von Unbelebtem getrennt. Wir sprechen von einer Umwelt, die uns umgibt.

Erlebst du nicht auch mitunter Momente, in denen du dich mit allem verbunden fühlst? Besonders in der Natur, wenn wir uns von einer besonderen Stimmung berühren lassen, können wir bemerken, dass wir uns selbst quasi ausdehnen können und mit unserer Umwelt verschmelzen. Ein Sonnenaufgang oder -untergang, eine besonders schöne Stimmung in einer Sommernacht, ein lauer Wind, der uns berührt – die Natur schenkt uns so viele Fenster, die einen anderen Erlebnis- und Empfindungsraum öffnen. Viele Menschen berichteten mir schon von solchen Erlebnissen.

Und so kommen wir zum nächsten Punkt: Die lokale Kausalität. Ursache- und Wirkungsketten versuchen wir möglichst plausibel und rational aufzuschlüsseln – oft nach wissenschaftlichen Gesetzmäßigkeiten. Jedoch führt diese Art der Analyse nicht immer zu Lösungen. Oft wird noch ein anderes Verständnis benötigt, um einen passenden Schlüssel finden zu können.

Kennst du Menschen, die mit einem bestimmten Symptom zum Arzt gingen und trotz vieler Untersuchungen keine Ursache gefunden wurde? Schauen wir

jedoch mit Abstand auf die Zusammenhänge, findet sich oft eine Erkenntnis, die zwar unlogisch wirkt und dennoch Wahrheit in sich trägt.
Eine weitere kulturelle Absprache ist die konsistente Ich-Organisation – Ich und Du sind getrennt voneinander. Wir haben uns in einem kulturellen Rahmen zeitstabil und kompetent zu steuern und zu kontrollieren, sonst fallen wir aus dem Rahmen und wirken nicht normal. Ein wenig verrückt. Interessanterweise gilt das meist für die anderen, aber nicht für uns selbst. Uns sind aus dem Rahmen fallende Wahrnehmungen, Gedanken, Impulse, Ideen, Intuitionen vertraut und wir fühlen uns mit ihnen verbunden. Nur das zu erklären und nach außen zu transportieren kann durchaus schwierig sein.

## Gemeinsames Verständnis von Wirklichkeit

- Die lineare Zeit
- Der dreidimensionale Raum
- Die Subjekt-Objekt Trennung
- Die lokale Kausalität
- Die konsistente Ich-Organisation

Nach: Prof. Dr. Wilfried Belschner

Im Laufe der Übungen hast du bereits mehrmals Methoden kennengelernt und ausprobiert, die wirklich nicht ganz gewöhnlich oder normal sind. Dennoch funktionieren sie. Und letztendlich gilt: Wahr ist, was wirkt.

Ein Großteil meiner Seminarteilnehmer berichten mir immer wieder, dass sie zunächst verwundert sind, wenn ich sie bitte, sich einen Erfahrungsraum auszulegen oder sich auf eine beschriftete Moderationskarte zu stellen, um in einen Inhalt hineinzuspüren. Aber seltsamerweise – sobald sie es ausprobieren – spüren sie eine tiefe Wirkung in sich. Und diese lässt sich rational nicht erklären. Die Empfindungen und Wahrnehmungen der Teilnehmer sind verblüffend ähnlich. Es existiert etwas, das wir selbst durch unsere Erfahrungen belegen.
Die beiden vorgestellten Modelle stammen von Professor Dr. Belschner, der an seinem Lehrstuhl in Oldenburg zum Thema Bewusstsein geforscht hat. Heutzutage widmen sich immer mehr wissenschaftliche Studien diesen spannenden Phänomenen. Bis jetzt sind sie für uns noch schwer greifbar. Möglicherweise werden wir sie auch nie vollständig naturwissenschaftlich belegen können. Und dennoch existieren sie und haben eine ungeheure Wirkung auf uns. Wir können sie nutzen. Wir können sie als Ressource begreifen – wenn wir uns diesen Wahrnehmungen öffnen.
Ich möchte dich dazu ermutigen, aus unserem kulturellen Standard – aus der Normalität – ein wenig auszubrechen. Lasse dich auf neue Erfahrungen ein. Finde neue Worte und Bilder, um all das zum Ausdruck zu bringen. Traue dich! Sei ungewöhnlich und im besten Sinne verrückt.

Du kannst dir nun deine ersten Gedanken dazu ins Logbuch notieren.

..............................................................................................

..............................................................................................

..............................................................................................

..............................................................................................

..............................................................................................

Wann und wie erlebst du Momente von tiefer innerer Ruhe und purem Sein – losgelöst von äußeren Geschehnissen oder Gegebenheiten?

Wie erlebst du den Augenblick, wenn deine Persönlichkeit mit den dazugehörenden Attributen (Alter, Geschlecht, Name, Beruf, Beziehungen, Status et cetera) in den Hintergrund tritt ... und du dich ausschließlich als präsente Kraft und Lebendigkeit wahrnimmst?

................................................................................................

................................................................................................

................................................................................................

................................................................................................

................................................................................................

................................................................................................

Passiert dir diese Bewusstseinserweiterung eher zufällig oder kennst du Übungen und Rituale, die dich in dieser selbstlosen Erfahrung unterstützen?

................................................................................................

................................................................................................

................................................................................................

................................................................................................

................................................................................................

................................................................................................

................................................................................................

## HERZ-Fragen

**HALTUNG:** Hast du Freude daran, Situationen aus vielen verschiedenen Perspektiven und Dimensionen zu beleuchten – oder was stellt sich dir dabei in den Weg? Vertraust du deinem Körperwissen, deiner Intuition und deinem innersten Seelenkompass – oder stehst du deinen eigenen Wahrnehmungen eher kritisch gegen-über? Woher kommen die Hinterfragungen?

Stufe 11

**EMPATHIE:** Was kann dich darin unterstützen, dich den feineren Botschaften deiner gesamten Persönlichkeit zuzuwenden? Kennst du vielleicht Freunde und Bekannte, die mit einer vertieften Wahrnehmung mehr Erfahrung als du haben und die dich darin offen unterstützen können? Schenke dir selbst Neugierde und öffne dich für interessante Gesprächspartner und überraschende Begegnungen.

**RESSOURCE:** Sei kreativ und ideenreich – denke quer. Stelle alles auf den Kopf und setze dein Leben neu zusammen. Ermutige dich selbst immer wieder: Wie kann ich mein bisheriges Leben erweitern? Was bedeutet für mich, über den Tellerrand zu schauen? In welches unbekannte Terrain zieht es mich? Welche vielleicht ungewöhnliche Entscheidung traue ich mir zu?

**ZEUGE:** Achte auf den Zeugen in dir: auf eine ruhige, wache Präsenz. Schaffe in dir selbst einen Ort der inneren Ruhe und der immanenten Kraft – unabhängig von dem, was dir im Äußeren begegnet. Sei es Licht oder Schatten. Bleibe in dir selbst fest verwurzelt und vertraue dich dem Leben an. Überprüfe immer wieder wach und vorurteilsfrei: Treffe ich Entscheidungen aus einer Ängstlichkeit heraus oder folge ich einem natürlichen Lebensstrom? Traue ich mir selbst Lebensweisheit zu und folge ich ihr?

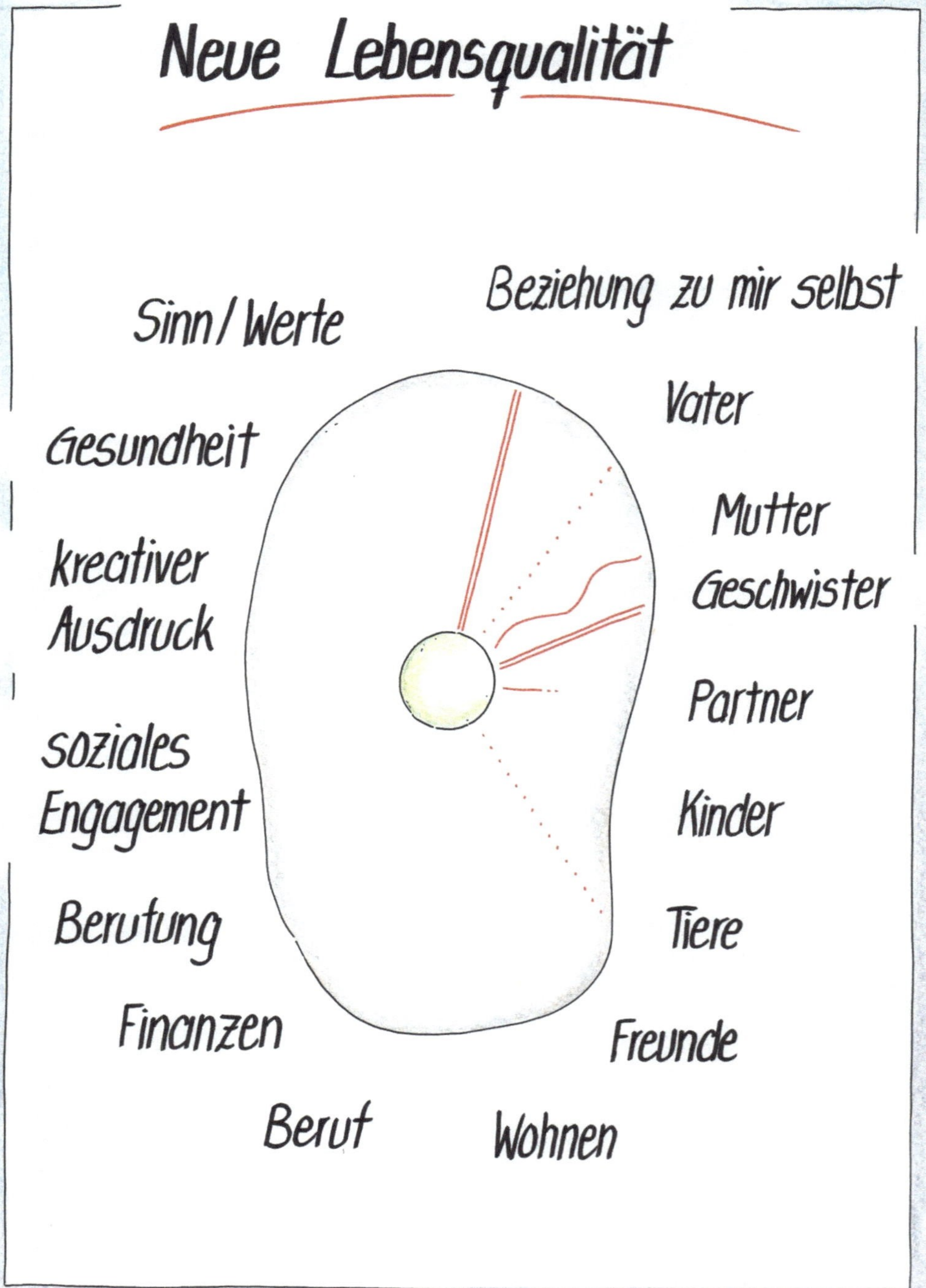
Neue Lebensqualität
Sinn / Werte
Beziehung zu mir selbst
Gesundheit
Vater
Mutter
kreativer Ausdruck
Geschwister
Partner
soziales Engagement
Kinder
Berufung
Tiere
Finanzen
Freunde
Beruf
Wohnen

## Stufe 12: Neue Lebensqualität

**ZIELE UND NUTZEN:** Eine Krise kann unser Leben komplett durcheinanderwirbeln. Meist ist unüberschaubar, wohin sie uns überhaupt führen möchte. Wer sich durch eine herausfordernde Lebenssituation durcharbeiten muss, wird tiefgehend geprüft: in all seinen Kompetenzen, seiner inneren Festigkeit, Tragfähigkeit und Belastungsfähigkeit. Und auch in seiner Möglichkeit, sich auf Veränderungen einzulassen, eine neue Richtung aufzunehmen und sich nach vorn zu orientieren. Das eigene Leben zu verwandeln, erfordert Zeit, Geduld und im besten Fall einen klaren, realistischen Plan.

Sobald wir eine neue Richtung einschlagen, gibt es vieles zu bedenken, denn unsere verschiedenen Lebensbereiche – unsere Beziehungen, Rollen und Verantwortlichkeiten, unser Lebensumfeld, Platz in der Gesellschaft und vieles mehr – werden sich mitbewegen. Alles in unserem Leben ist wie ein Mobile miteinander verbunden. Ziehen wir an einem Band, bewegt sich das gesamte Lebensgefüge mit. Es macht also Sinn, sich über diese Zusammenhänge Gedanken zu machen und dann den richtigen Rhythmus für den Veränderungsprozess zu entdecken. Auch hier gilt es wieder, eine gute Balance zu finden. Wichtig ist, sich die Zeit zu nehmen, abzuwägen und gleichzeitig Klarheit zu gewinnen und loszugehen. Manchmal bedeutet es dabei aber auch, den ganzen Mut zusammenzunehmen und über den eigenen Schatten zu springen.

Die Übung dieser zwölften Stufe bietet dir die wunderbare Möglichkeit, alle deine Lebensfelder in ihrer Gesamtheit zu betrachten. Die einzelnen Facetten spielen nicht nur zusammen, sondern sie bilden gleichzeitig die Grundlage für dein Wohlgefühl und Unwohlsein. Bringe also Transparenz in diese komplexe Gemengelage – systematisch und in aller Ruhe. Nutze diese Übung, um dein Leben auf Herz und Nieren zu überprüfen – auch, wenn ehrliches Hinschauen stets die Gefahr birgt, zunächst völlig irritiert wahrzunehmen, was da im eigenen Leben passiert. Doch traue dich, offen hinzuschauen. In den bisherigen Übungen in diesem Logbuch hast du bereits viel von dir selbst erfahren. Du weißt nun, auf welchem festen Boden du in deiner eigenen Person stehst. Du weißt auch, wie viel du erreichen kannst, wenn du dir kleine und für dich angemessene Schritte vornimmst und diese kontinuierlich realisierst – auf einem tragfähigen Weg unter deinen Füßen. Mit diesem positiven Blick, dem Wissen und mit dem Vertrauen, dass immer wieder günstigere Winde kommen, überprüfst du nun deine Lebensqualität: Was bedeutet für dich Wohlgefühl, Lebensfreude, Erfüllung und Glück? Und dann richtest du dein Leben nach vorn aus: Wo soll die Reise hingehen?

## Durchführung

SCHRITT 1: Zunächst überlege bitte, aus welchen Bereichen sich dein Leben zusammensetzt. Lege für jedes Thema ein Blatt an. Nimm dir Bereich für Bereich vor und notiere auf den einzelnen Blättern spontan deine Gedanken, Gefühle und Wahrnehmungen dazu. Die detaillierte Prüfung deiner Lebenssituation kann folgende Fragen beinhalten:

- Welche Gefühle erlebe ich in der Beziehung zu mir selbst (Selbstwertgefühl)?
- Wie geht es meinem Körper, meiner Gesundheit, meiner Fitness?
- Wie gestaltet sich die Beziehung zu meiner Familie, zum Partner, zu Freunden?
- Wie wohl fühle ich mich in meinem Zuhause?
- Wie geht es mir im Beruf – kann ich meine Berufung leben?
- Wie erlebe ich mich in meinem Sinn- und Werteverständnis?

Im Logbuch kannst du anschließend deine Ergebnisse zusammentragen.

Welche Gefühle erlebst du in der Beziehung zu dir selbst (Selbstwertgefühl)?

..........

..........

..........

..........

..........

..........

..........

..........

..........

..........

Wie geht es deinem Körper, deiner Gesundheit, deiner Fitness?

Wie gestaltet sich die Beziehung zu deiner Familie, zum Partner, zu Freunden?

Wie wohl fühlst du dich in deinem Zuhause?

........................................

........................................

........................................

........................................

........................................

........................................

........................................

........................................

Wie geht es dir im Beruf – kannst du deine Berufung leben?

........................................

........................................

........................................

........................................

........................................

........................................

........................................

........................................

Wie erlebst du dich in deinem Sinn- und Werteverständnis?

........................................................................................................................

........................................................................................................................

........................................................................................................................

........................................................................................................................

........................................................................................................................

........................................................................................................................

........................................................................................................................

........................................................................................................................

Welche weiteren Überlegungen möchtest du festhalten?

........................................................................................................................

........................................................................................................................

........................................................................................................................

........................................................................................................................

........................................................................................................................

........................................................................................................................

........................................................................................................................

........................................................................................................................

**SCHRITT 2:** Lege mit einem langen Seil einen großen Kreis am Boden aus. Ordne die Blätter intuitiv nach ihrer Themenzugehörigkeit auf der Kreislinie an. Prüfe, ob diese Anordnung stimmig ist. Wenn du Bereiche zusammenfassen möchtest, lege die Blätter näher zueinander, haben bestimmte Bereiche weniger Bezug zueinander, dann lege diese weiter auseinander. Orientiere dich in den weiteren Schritten am Bild eines Rades mit Reifen, Nabe und Speichen – es bildet dein Lebensrad ab.

Dein Ergebnis kannst du hier im Logbuch skizzieren.

**SCHRITT 3:** Jetzt geht es um die Frage deines Lebensmittelpunkts: der Radnabe. Dazu lege eine runde Moderationskarte in den Kreis – mit nahem oder weitem Abstand zu den einzelnen Bereichen – so, wie es sich für dich in deinem Alltag abspielt und anfühlt.

**SCHRITT 4:** Mit Klebebändern markierst du die Unterteilungen der einzelnen Themenbereiche – die Speichen. Die Länge der Speichen richtet sich nach der Qualität ihrer Inhalte. Fühlst du dich in einem Bereich gut aufgestellt, kraftvoll und erfüllt, dann führe das Klebeband bis zur Kreislinie – das entspricht 100 Prozent. Fühlst du dich in einem der Themenfelder eher instabil oder unerfüllt, ist die Länge kürzer – 40 Prozent, 60 Prozent oder 80 Prozent. Baue das Lebensrad als Spiegel deiner eigenen, aktuellen Situation.

Auch dieses Bild kannst du im Logbuch als Erinnerungsstütze festhalten.

**SCHRITT 5:** Trete nun einen Schritt zurück und betrachte dein Leben im Gesamten. Verschaffe dir einen Überblick.

In welchen Lebensthemen zeigen sich Zusammenhänge?

.....................................................................................................

.....................................................................................................

.....................................................................................................

.....................................................................................................

.....................................................................................................

.....................................................................................................

.....................................................................................................

**SCHRITT 6:** Anschließend beschäftigst du dich mit der Ist-Analyse:

An welchen Stellen läuft dein Leben rund?

.....................................................................................................

.....................................................................................................

.....................................................................................................

.....................................................................................................

.....................................................................................................

.....................................................................................................

.....................................................................................................

Wo läuft es in deinem Leben holprig?

........................................................................................................

........................................................................................................

........................................................................................................

........................................................................................................

........................................................................................................

........................................................................................................

........................................................................................................

........................................................................................................

An welchen Schwachstellen möchtest du aktiv arbeiten?

........................................................................................................

........................................................................................................

........................................................................................................

........................................................................................................

........................................................................................................

........................................................................................................

........................................................................................................

........................................................................................................

**SCHRITT 7:** Nun benutze die Struktur des Lebensrads, um den Soll-Zustand abzubilden: In welche Richtung soll sich dein Leben entwickeln?

Schreibe oder zeichne hier dein Ergebnis auf:

..........

..........

..........

..........

..........

..........

..........

..........

Was möchtest du konkret verändern?

..........

..........

..........

..........

..........

..........

..........

**SCHRITT 8:** Abschließend schlüssle auf, welche Schritte nötig sind, um vom Ist-Zustand zum Soll-Zustand zu kommen. Achte wieder auf kleine, realistische Schritte, die du tatsächlich umsetzen kannst und willst. Und auch auf die kleinen und feinen Schritte, die dir dabei helfen, deine Ziele auch tatsächlich zu erreichen.

Was möchtest du zuerst anpacken?

........................................................................................................

........................................................................................................

........................................................................................................

........................................................................................................

........................................................................................................

........................................................................................................

........................................................................................................

In welche Teilschritte kannst du die Zielerreichung zerlegen?

........................................................................................................

........................................................................................................

........................................................................................................

........................................................................................................

........................................................................................................

........................................................................................................

........................................................................................................

Wer kann dich dabei unterstützen und wie?

......................................................................................................................

......................................................................................................................

......................................................................................................................

......................................................................................................................

......................................................................................................................

......................................................................................................................

Wann möchtest du den ersten Schritt in Angriff nehmen? Beschreibe möglichst konkret wie du vorgehen wirst.

......................................................................................................................

......................................................................................................................

......................................................................................................................

......................................................................................................................

......................................................................................................................

......................................................................................................................

All diese Themen betreffen jeden Menschen. Letztendlich hat jeder die Aufgabe, seine Lebensfelder nach seinen Anliegen und Wünschen zu modulieren. Visualisiere, was du dir tief in deinem Herzen und in deiner Seele wünschst. Traue dir den großen Wurf zu, wenn du an deine Lebensarchitektur herangehst! Mit den Handwerkszeugen, die du in diesem Logbuch erworben hast, wirst du den Weg zu dir selbst auch wirklich gehen können.

## HERZ-Fragen

**HALTUNG:** Mit welcher Einstellung betrachtest du die Möglichkeit, dein Leben zu verändern? Denke dabei an die Kernaussagen der Resilienz: Ein resilienter Mensch versteht es, sein Leben zu meistern. Dabei erkennt er immer wieder seine eigenen Handlungsmöglichkeiten – und folgt ihnen. Aus wenig vermag er viel zu machen. Wo erlebst du dich schon selbstvertraut und freudig nach vorn schreitend? Wo erlebst du dich noch eher verhalten und vorsichtig?

..................................................................................................

..................................................................................................

..................................................................................................

..................................................................................................

..................................................................................................

..................................................................................................

..................................................................................................

..................................................................................................

..................................................................................................

..................................................................................................

..................................................................................................

..................................................................................................

..................................................................................................

..................................................................................................

**EMPATHIE:** Hole die positive Energie des Resilienzgedankens täglich in dein Leben hinein. Bereichere deine Tage mit Liebe, Wärme und Herzlichkeit – für dich selbst und für andere. Mit welcher liebevollen Grundeinstellung kannst du dir deine Lebensverwandlung leichter und freundlicher gestalten?

..........................................................................................

..........................................................................................

..........................................................................................

..........................................................................................

..........................................................................................

..........................................................................................

..........................................................................................

**RESSOURCE:** Folge immer wieder der Idee: Wo finde ich Kraft? Welche Ressourcen können mich gut unterstützen? Was macht mir richtig Freude? Was fühlt sich gut an?

..........................................................................................

..........................................................................................

..........................................................................................

..........................................................................................

..........................................................................................

..........................................................................................

..........................................................................................

**ZEUGE:** Wandere in deinem Leben weit nach vorn und überlege: Wie möchtest du dich in fünf, in zehn, in 20 Jahren fühlen? Welche Richtung solltest du heute einschlagen, damit du deinen ureigenen Lebensplan, du kannst auch Seelenplan dazu sagen, erfüllen und genießen kannst?

..................................................................................................................

..................................................................................................................

..................................................................................................................

..................................................................................................................

..................................................................................................................

..................................................................................................................

..................................................................................................................

..................................................................................................................

..................................................................................................................

..................................................................................................................

..................................................................................................................

..................................................................................................................

..................................................................................................................

..................................................................................................................

..................................................................................................................

..................................................................................................................

# Resilienz im Alltag fest verankern

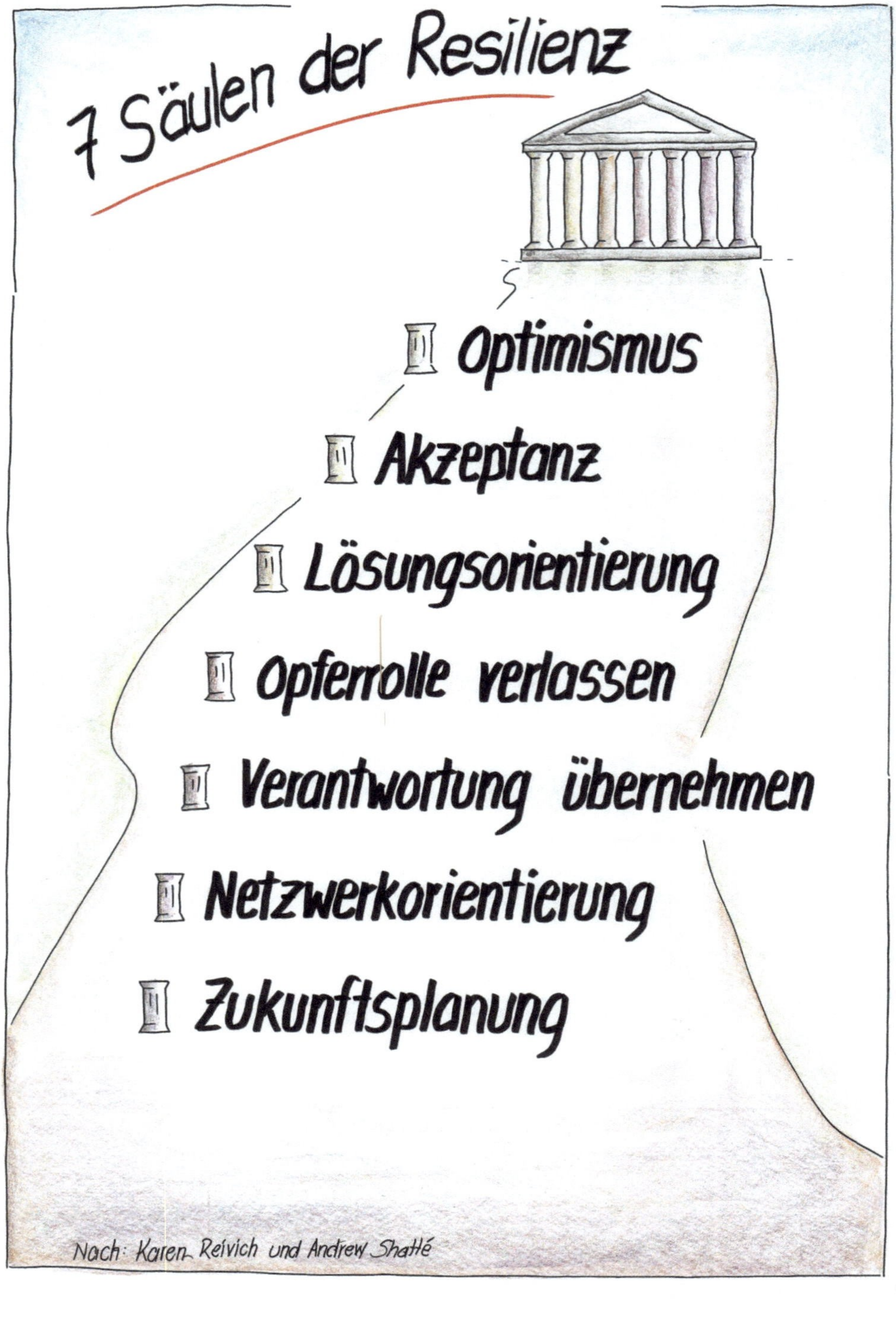
7 Säulen der Resilienz
Optimismus
Akzeptanz
Lösungsorientierung
Opferrolle verlassen
Verantwortung übernehmen
Netzwerkorientierung
Zukunftsplanung
Nach: Karen Reivich und Andrew Shatté

## Austraben und nach vorn schauen: Resilienz immer tiefer erforschen

Resilienz ist ein Synonym für Widerstandkraft und Belastungsfähigkeit – und gleichzeitig auch für Flexibilität und Veränderungsfreude. Im Grunde ist Resilienz ein Überbegriff, für viele verschiedene Kompetenzen, die wir im Laufe unseres Lebens erwerben. Ein resilienter Mensch hat die Fähigkeit, seine Chancen zu erkennen und mutig voranzuschreiten. Er glaubt an sich selbst. Resiliente Personen tragen Optimismus in sich und Lebensdankbarkeit. Sie vertrauen in die Situation und auf ein Wissen, dass das Leben ihnen Aufgaben stellt, die sie lösen können. Es liegt mir besonders am Herzen, dass ein Mensch selbst herausbekommt, was ihm Resilienz persönlich bedeutet und welche Eigenschaften ihm Kraft, Ruhe und Mut geben, um weiterzugehen. Deshalb habe ich dieses Logbuch geschrieben, das möglichst vielen Menschen auf dem Weg zur persönlichen Resilienz begleiten soll. Ich hoffe, dass auch Kolleginnen und Kollegen, Coaches, Trainerinnen, Führungskräfte das Logbuch in ihrer Arbeit einsetzen und weiterempfehlen.

Am Ende dieses Logbuchs möchte ich noch die sieben Säulen der Resilienz vorstellen: Die US-amerikanischen Wissenschaftler Karen Reivich und Andrew Shatté postulierten in den 1980er-Jahren sieben Faktoren, die einen resilienten Menschen auszeichnen. In Anlehnung an ihr Modell wähle ich folgende Begriffe:

- Akzeptanz
- Lösungsorientierung
- Netzwerkorientierung
- Opferrolle verlassen
- Optimismus
- Verantwortung übernehmen
- Zukunftsplanung

Diese Begriffe mögen zunächst wie abstrakte Worthülsen erscheinen, dennoch schwingt in allen eine bestimmte Haltung. Genau darum geht es mir, denn Resilienz ist eine innere Haltung: Wie stelle ich mich dem Leben? Habe ich das Gefühl, zu kurz zu kommen? Warte ich darauf, dass andere Menschen auf mich zugehen oder habe ich das Gefühl, selbstwirksam zu sein?

# Resilienz – ein Kompetenzbündel

- Selbst-Bewusstheit
- Selbst-Vertrauen
- Veränderungsfreude
- Lernen, auch wenn's eng wird
- Stabilität in kritischen Zeiten
- Verzicht auf Kompfortzone
- Verbundenheit zu sich und anderen
- Vernetzungskompetenz
- Kraft, Ambivalenzen auszubalancieren

Bewusstsein und Achtsamkeit
Vertrauen ins Leben
... eine innere HALTUNG

Für mich ist Resilienz ein Kompetenzbündel und in der Mitte der verschiedenen Fähigkeiten steht das Selbstbewusstsein. Je mehr ich mir über verschiedene Dinge bewusst werde, umso größer wird mein Selbstbewusstsein. Gleichzeitig wächst damit auch mein Selbstvertrauen – das Zutrauen in meine Fähigkeiten, auch anspruchsvolle Situationen Schritt für Schritt durchdringen und lösen zu können.

Dieser Prozess ist nie abgeschlossen. Jeden Tag ruft uns das Leben. Es stellt uns Fragen, die wir zu beantworten haben – ob wir wollen oder nicht. Mit zunehmendem Alter begegnen uns immer öfter Ambivalenzen, auf die es keine schnellen Antworten und Lösungen gibt, oder die sich allein durch gute Gedanken generieren ließen. Wichtig sind dann zusätzlich das Gefühl und die Intuition und vor allem der weite Blick voller Lebenserfahrung, Geduld und Ruhe.

Auf die Komfortzone verzichten heißt, die Kontrolle loszulassen und auch das große Bedürfnis nach Harmonie und Überblick. Je weiter wir auf unserem inneren Weg wandern, desto öfter stoßen wir auf Wegpassagen, auf denen wir zunächst nur den nächsten Schritt sehen können. Es scheint, als würden wir durch Nebel laufen und uns täglich neu vorantasten. Wie gut, wenn wir genau dann Verbundenheit zu uns selbst und zum Leben haben. Das ist die große Chance der Krisenzeit: Bricht im Außen viel weg, dann haben wir gar keine andere Möglichkeit, als tief in uns selbst hinein zu spüren.

»Ich setzte den Fuß in die Luft, und sie trug«, schrieb Hilde Domin. Auch ich kenne diese Angst, ins Bodenlose zu stürzen. Deshalb möchte ich Sie ermutigen: Bleiben Sie dran – halten Sie durch – auch dann, wenn es sich anfangs schrecklich und beängstigend anfühlen mag. Aber wir fallen nicht ins Leere, denn das Leben eilt uns entgegen. In uns und um uns herum ist eine Schöpferkraft, die uns auffängt, die uns hält und die uns nährt - sie führt und sie leitet uns. Darauf können wir vertrauen.

# Literatur


Reivich, Karen/Shatté, Andrew (2003): The Resilience Factor. 7 Keys to Finding Your Inner Strength and Overcoming Life's Hurdles. New York: Three Rivers Press.

Wellensiek, Sylvia Kéré (2017): Resilienz-Training für Führende. So stärken Sie Ihre Widerstandskraft und die Ihrer Mitarbeiter. 2. Auflage. Weinheim und Basel: Beltz.

Wellensiek, Sylvia Kéré (2016): Fels in der Brandung statt Hamster im Rad. Zehn Übungen zur persönlichen Resilienz. 2. Auflage. Weinheim und Basel: Beltz.

Wellensiek, Sylvia Kéré (2015): 75 Bildkarten Resilienztraining. Weinheim und Basel: Beltz.

Wellensiek, Sylvia Kéré/Galuska, Joachim (2014): Resilienz – Kompetenz der Zukunft. Balance halten zwischen Leistung und Gesundheit. Weinheim und Basel: Beltz.

Wellensiek, Sylvia Kéré/Schwarz, Kirsten (2018): Der Resilienzparcours. Poster und Arbeitsblätter zum Human-Balance-Training. Zwei Poster in Flipchartgröße und 20 Arbeitsblätter in der Sammelmappe. Weinheim und Basel: Beltz.


**Digitaler Lernparcours für persönliche Resilienz**

Der Video-Trainingsparcours »Gelassen im Sturm – Resilienz in Krisenzeiten« richtet sich an Menschen die gerade eine Krise durchlaufen oder vor Kurzem überstanden haben.
Demoversion: https://www.hbt.akademie.de/Demobereich
Bestellmöglichkeit: https://www.hbt-akademie.de/shop